DR. JOSÉ NETTO

MANUAL DO MARKETING MÉDICO

Copyright© 2021 by Literare Books International.
Todos os direitos desta edição são reservados à Literare Books International.

Presidente:
Mauricio Sita

Vice-presidente:
Alessandra Ksenhuck

Diretora executiva:
Julyana Rosa

Diretora de projetos:
Gleide Santos

Relacionamento com o cliente:
Claudia Pires

Capa, projeto gráfico e diagramação:
Gabriel Uchima

Revisão:
Rodrigo Rainho

Consultoria de escrita:
Central de Escritores: Rose Lira, João de Almeida Neto,
Pedro Castellani e Gabriella Maciel Ferreira

Impressão:
Gráfica Paym

Dados Internacionais de Catalogação na Publicação (CIP)
(eDOC BRASIL, Belo Horizonte/MG)

N476m Netto, José.
Manual do marketing médico / Dr. José Netto. – São Paulo, SP:
Literare Books International, 2021.
16 x 23 cm

ISBN 978-65-5922-160-8

1. Literatura de não-ficção. 2. Marketing. 3. Médicos – Carreira.
I. Título.

CDD 362.11

Elaborado por Maurício Amormino Júnior – CRB6/2422

Literare Books International Ltda.
Rua Antônio Augusto Covello, 472 – Vila Mariana – São Paulo, SP.
CEP 01550-060
Fone: (0**11) 2659-0968
site: www.literarebooks.com.br
e-mail: contato@literarebooks.com.br

MANUAL DO MARKETING MÉDICO

DEDICATÓRIA

Este livro é dedicado ao meu filho incrível Saulo e à minha dedicada esposa Nara, por se mostrarem tão fortes no momento mais desafiador das nossas vidas.

Ao meu pai, Sr. Panta, pelos milhares de quilômetros dirigidos para me sustentar.

À minha forte mãe, Dona Amparo, por ter me ajudado a acreditar que poderia chegar muito longe na vida.

AGRADECIMENTOS

Eu sou profundamente grato a Deus Todo Poderoso, que me demonstrou estar me protegendo e cuidando de mim em diversas situações, também me inspirou a escrever este livro, para ser um divisor de águas nas vidas de tantos colegas que se deleitarão com este conteúdo.

Gratidão ao meu pai, Sr. Panta, e à minha mãe, Dona Amparo, que não mediram esforços para me dar tudo que precisei para realizar meus sonhos. Nasci num pequeno povoado, sem muitas possibilidades aparentes, mas o apoio deles foi fundamental para que eu abrisse as asas e chegasse mais longe do que imaginei. Tenho orgulho de vocês por serem sempre tão trabalhadores, honestos, e cuidarem tão bem de nossa família, apesar das dificuldades que enfrentamos.

À minha querida esposa, Sayonara, por compreender as muitas horas que estive ausente, me dedicando a este livro, e ao meu filho Saulo, que me ensinou a não desistir. Ele, que lutou pela vida nos seus primeiros meses de vida, sempre com alegria e força de vontade me inspirou a não deixar nenhum projeto pela metade. Se não fosse pelo seu exemplo, talvez eu não tivesse concluído esta obra.

Este livro não seria o que é sem a edição e os conselhos inestimáveis dos meus editores, Rose Lira e João de Almeida Neto, meu quase xará. Sou muito grato a eles por materializarem, junto a mim, este sonho de publicar um livro.

Quero também deixar clara a dívida que tenho para com os vários autores, mentores e pensadores que me inspiraram e formaram a minha mentalidade ao longo dos anos. Este livro não teria sido possível sem eles.

Jamais ficaria tranquilo se não deixasse aqui registrada também a minha eterna gratidão a todos os profissionais de saúde, especialmente aos colegas médicos que se tornaram alunos, mentorados, fãs e defensores dos meus cursos e programas de mentoria. Vocês que alimentaram em mim o desejo de me desenvolver cada vez mais, chegando ao ponto de publicar este livro.

Muito grato a todos e todas!

"O médico que só sabe de Medicina, nem de Medicina sabe."

Abel Salazar
(médico, professor,
investigador e pintor português)

INTRODUÇÃO:
MARKETING MÉDICO, TÃO ANTIGO QUANTO A PRÓPRIA MEDICINA

Quando se fala em *Marketing*, o que vem à sua mente?

Anúncios publicitários na televisão? Vídeos de propaganda nas plataformas de vídeos? Ou até mesmo o famoso "arrasta pra cima", que é tão comum nas redes sociais? Bem, você tem razão. Isso é *Marketing* – na verdade, é fruto dele.

Porém eu preciso destacar que o *Marketing* não é algo tão recente, como muitos imaginam. Na verdade, ele é quase tão antigo como a própria humanidade, pois a partir do momento em que o ser humano se percebeu como um ser pensante e inteligente, já passou a fazer uso do *Marketing* em benefício próprio.

Isso pode ser explicado pelo fato de os mecanismos de inteligência primitivos promoverem ao ser humano a necessidade de sentir-se forte, de predominar sobre, e isso faz parte da sua necessidade de sobrevivência.

Para subir em uma árvore e se livrar de um animal, para se proteger de uma tempestade dentro de uma caverna ou ainda se livrar de qualquer outra situação de risco, o indivíduo precisa acreditar que consegue, precisa acreditar em sua própria capacidade. É da necessidade do ser humano de se promover que emerge a sua autoconfiança.

Essa necessidade de autopromoção foi alimentada pouco a pouco, ao longo de cada era, à medida que o ser humano falava para as pessoas sobre as habilidades novas que ele estava desenvolvendo, ou também sobre o que pretendia alcançar. Dessa forma, ele conquistava mais destaque em sua tribo/clã e começava a ser visto como um líder.

Note que só conseguiu demonstrar quem era e o que fazia porque ele falou que conseguiria diante do grupo, e, consequentemente, sentiu a obrigação moral de provar que estava falando a verdade.

— Já que eu disse que consigo fazer isso, agora vai ter que acontecer – ele pensava.

Isso nos mostra que o ser humano sempre fez *Marketing*, no decorrer da sua evolução ou desenvolvimento. No decorrer da história, isso tomou uma proporção mais profissional. O indivíduo passou a se promover não apenas por um mecanismo de sobrevivência, mas também por entender que se destacar na profissão, na família, na política ou em algum outro cenário seria algo importante para sua própria vida – e, claro, em muitos momentos, para sua sobrevivência em relação à provisão e à manutenção do seu *status quo*.

Com o decorrer dos séculos, a sociedade foi mudando em relação aos costumes, à cultura, às escolhas, às prioridades, às visões. Isso é natural do processo de evolução mental e, obviamente, as estratégias de *Marketing* também foram mudando, de forma a atender aos interesses humanos em cada ciclo histórico.

Mas não deixo de destacar que, em cada uma das fases, o *Marketing* atendeu sempre ao mesmo objetivo: trabalhar a autoconfiança para o ser humano chegar mais longe. O mais interessante é que muitos podem enxergar esse aspecto do indivíduo por uma ótica negativa, como algo egoísta por parte de quem se promove. Não tiro totalmente a razão de quem pensa dessa forma, porque é algo inerente ao ser humano, pensar primeiro em si mesmo. Sim, realmente o egoísmo faz parte da natureza humana.

Porém eu prefiro enxergar isso de outra forma: o *Marketing* não ajuda somente o indivíduo que está sendo promovido, mas também um grupo – ou grupos – de pessoas, porque, no final dessa cadeia, o indivíduo promovido pode se tornar um líder ou uma pessoa inspiradora. E qual é o papel de um líder e daquele que inspira? Ajudar todo o grupo a trabalhar, não só pela sua própria sobrevivência, mas também pela sobrevivência do grupo em si. A função de ambos é servir de referência ao grupo para que esse grupo possa se espelhar de forma positiva em vista do crescimento de todos.

Trazendo isso para a área da saúde, quando um médico investe no *Marketing* de sua carreira, promovendo seu nome e sua marca, ele se torna referência, um líder, anunciando que tem competências e habilidades para beneficiar a comunidade.

Dessa forma, ele sente a obrigação moral de prestar um serviço de alto nível para a sociedade. Isso acaba levando-o a fazer sempre mais e melhor, a gerar grandes invenções e inovações, medicamentos, antibióticos, técnicas cirúrgicas, beneficiando cada vez mais a população.

Obviamente que poderíamos contextualizar o *Marketing* na Medicina em cada uma das diferentes fases da história, como na Idade Média, na Revolução Industrial, até chegar à pós-modernidade. Mas eu preciso lembrar aqui que, assim como o *Marketing* é tão antigo como a própria humanidade, o *Marketing* Médico é também tão antigo quanto a própria Medicina.

O termo Medicina, aliás, surgiu na Grécia Antiga, nos tempos de Hipócrates, e logo passou a ser representada por um conhecido símbolo: o Bastão de Esculápio, ou Asclépio.

Esculápio (ou Asclépio) é uma figura da Mitologia Grega, considerado o "deus da Medicina e da cura", que teria nascido de uma cesariana, que resultou na morte de sua mãe, e depois levado ao centauro Quíron, que o ensinou tudo sobre a arte da caça e da cura. Dessa forma, aprendeu a curar por meio das ervas e dos procedimentos cirúrgicos, adquirindo uma habilidade tal, que era capaz de ressuscitar os mortos.

Conta a Mitologia Grega que, certa vez, Esculápio foi chamado para socorrer Glauco (divindade marinha), que havia morrido ao ser atingido por um raio. Quando o médico estava nos aposentos do deus do mar, viu uma serpente tentando adentrar o local e a matou com seu bastão. Porém uma segunda serpente entrou no quarto, carregando em sua boca ervas, que ela colocou na boca do animal morto e o fez voltar à vida.

Ao ver aquela cena, Esculápio usou as mesmas ervas, colocando-as na boca de Glauco, que também ressuscitou. Desde então, a serpente que trouxe as ervas se tornou seu animal de estimação, enrolada em seu bastão, e o objeto se tornou o símbolo da Medicina em muitos países do mundo, presente até mesmo na bandeira da Organização Mundial da Saúde.

Fato é que essa figura tem como finalidade subliminar, por trás das cortinas, trazer à Medicina um tom diferenciado, referenciando um brilho, um esmero, uma missão para essa prática milenar que salva vidas e se moderniza a todo momento.

Para um profissional de saúde, o investimento em *Marketing* nunca deixou de ser importante, mas, nos dias de hoje, com a quantidade de informações que recebemos todos os dias, fazer uso mais assertivo de estratégias para autopromoção se tornou algo ainda mais necessário.

A verdade é que poucas coisas precisam gerar tanta confiança nas pessoas como o ato de cuidar da saúde de alguém, de lidar com vidas. Afinal, a vida é o bem mais precioso de qualquer pessoa. E atualmente, a sociedade está ainda mais atenta a isso, com a procura pelos cuidados com a saúde física e mental aumentando consideravelmente. Saber a quem procurar para cuidar da saúde, ter acesso a informações e validações do profissional específico, é cada vez mais uma questão de prioridade.

14 | MANUAL DO MARKETING MÉDICO

Muitos profissionais de saúde me procuram, compartilhando suas próprias dores, medos, necessidades e demandas com relação ao *Marketing*, e elas são bastante variadas. Vou apenas citar as principais delas, deixando as respostas e aprofundamento das questões enunciadas – e tantas outras – para o decorrer desta obra.

- **Dor número um:** "Eu estudei tanto, me formei, tenho um bom currículo aos meus olhos e aos dos meus colegas, mas eu não consigo transformar isso em resultados. Estou trabalhando em um lugar que eu acho que não me satisfaz, me submetendo a uma prefeitura, concurso público, esperando meu nome crescer. Estou muito aquém do que eu esperava conseguir".

- **Dor número dois:** "Eu entendo a necessidade do *Marketing*, mas tenho medo de não conseguir corresponder ao que isso pode exigir de mim. Não consigo nem abrir o celular e gravar um vídeo, travo na hora de falar".

- **Dor número três:** "Eu me preocupo com a exposição, porque tenho medo de que alguém me sequestre".

- **Dor número quatro:** "Tenho medo de parecer que estou simplesmente vendendo alguma coisa na *internet*, que estou fazendo da minha profissão um mercado, e por isso temo perder o meu registro junto ao CRM".

A verdade é que nós, médicos, somos levados a acreditar que não fazemos comércio, simplesmente porque não vendemos um produto físico. Mas a verdade é que nós vendemos um serviço, e não há mal nenhum nisso!

Nós somos fiscalizados pelo Código de Defesa do Consumidor e pela Vigilância Sanitária, mas ainda há profissionais de saúde que acreditam que não estão vendendo nada, porque o ato da venda – inicialmente honesto e digno – foi demonizado em razão de profissionais irresponsáveis ou despreparados, que existem em qualquer área.

Além dessas dores sentidas e identificadas pela maioria dos profissionais de saúde que me procuram, há também as dores que eles sentem, mas não conseguem identificar.

A primeira delas também gera insatisfação com relação aos resultados profissionais e à pouca projeção que alcançam em sua área de atuação.

— Netto, estou fazendo tudo o que você me recomendou, mas meu Instagram continua fraco e meu consultório continua com pouco movimento – dizem.

O que ocorre, na verdade, em muitos casos como esses, é que o próprio profissional ainda não se apropriou de seu trabalho e por isso não consegue passar verdade e segurança em seus vídeos e publicações. Ele ainda não entendeu que é preciso mais que dinheiro para motivá-lo a avançar, é preciso paixão pelo que faz.

Um profissional com esse perfil torna-se escravo de seu próprio trabalho, porque atua simplesmente por obrigação e não por amor à profissão, por entrega.

A segunda dor é responsabilizar outras pessoas ou fatores externos pela falta de resultados.

— Ah, Netto, estou fazendo tudo que você instruiu, mas meu filho aqui em casa não me deixa fazer muitas postagens – alguns dizem.

Na verdade, essa pessoa está somente à espera de uma razão que justifique sua própria autossabotagem e sua falta de vontade de seguir o projeto.

E a terceira dor – disparada, a campeã de todas – é a "falta de tempo". Como médico, sei que o nosso cotidiano profissional não é nada tranquilo, mas quando sabemos priorizar as coisas, conseguimos o que realmente queremos. Todos nós temos 24 horas em um dia e podemos nos organizar para priorizar o nosso próprio crescimento, quando de fato consideramos isso importante.

Por isso, meu objetivo com este livro é informar – aos profissionais ligados diretamente ou indiretamente à saúde – sobre as diversas formas de posicionar a marca no mercado, proporcionando ao leitor uma visibilidade autêntica e ética, de forma a atrair o público desejado, dentro de uma realidade que não pode ser desprezada. O *Manual do marketing médico* é um guia completo para o profissional da saúde que deseja construir e posicionar sua marca no mercado, de forma a torná-la referência.

Convido você a separar um breve momento do seu dia, ou um entretempo, para ter esse "bate-papo" comigo sobre as possíveis estratégias que podem ajudá-lo a crescer e a divulgar você como referência no que faz, com seriedade e profissionalismo.

Durante os últimos anos, realizando centenas de consultorias e mentorias para colegas médicos, eu praticamente registrei os problemas mais comuns que os colegas enfrentam e suas necessidades internas, externas e filosóficas. À medida que for lendo este livro, estes pontos serão trabalhados na sua mente de uma forma quase imperceptível.

Estatisticamente, a maioria não termina de ler um livro. O que aconteceria se você lesse até o final? E se você se comprometesse com a aplicação das ferramentas deste livro e o seu concorrente não o fizesse? Acredite, fazer isso já coloca você fora da curva. Conclua o processo, perceba que a sua maior concorrência está dentro de você e a supere, o sucesso é uma questão de decisão.

SUMÁRIO

O PROFISSIONAL MÉDICO

CAPÍTULO I
SER MÉDICO,
UM SACERDÓCIO INTELIGENTE..................................... 23

CAPÍTULO II
COMO SE DIFERENCIAR
NO MARKETING MÉDICO..................................... 39

CAPÍTULO III
ÉTICA NO MARKETING MÉDICO:
OS LIMITES DO PODER..................................... 59

O ACELERADOR MÉDICO

CAPÍTULO IV
DESCUBRA-SE E DESCUBRA
DO QUE É CAPAZ..................................... 85

CAPÍTULO V
ACELERAR É SAIR
DA ZONA DE CONFORTO..................................... 105

CAPÍTULO VI
VAMOS CRESCER 1%
A CADA DIA..................................... 129

CONCLUSÃO
MARKETING MÉDICO,
UM BENEFÍCIO SOCIAL..................................... 145

O PROFISSIONAL MÉDICO

I

SER MÉDICO, UM SACERDÓCIO INTELIGENTE

"O melhor médico é aquele que mais esperança inspira."
Samuel Taylor Coleridge
Poeta, crítico e ensaísta inglês

I

Quando um médico se forma e faz o juramento de Hipócrates, selando um compromisso, o faz como quem abraça uma honrosa missão perante a sociedade. Porém, eu – e provavelmente muitos outros profissionais da saúde – vejo na Medicina mais que uma missão, vejo um verdadeiro sacerdócio.

Ao longo da história, vemos o papel do sacerdote como o ofício mais importante para a sociedade, não apenas pelo aspecto religioso, mas sim porque sua atuação influía, e ainda influi, na comunidade como um todo. As figuras do sacerdote e médico se misturavam em vários tipos de civilizações e épocas diferentes. Então, considerando novamente que a vida é o bem mais precioso de uma pessoa – porque é nela que estão incluídas todas as experiências, o conhecimento e as competências –, cuidar da saúde é uma responsabilidade grande, exatamente como a de um sacerdote, pois é esse cuidado que determina se a vida está ou não fragilizada, tem uma continuidade saudável ou não.

Por isso, quando afirmo que temos que exercer a Medicina como um sacerdócio, me refiro ao esmero nas nossas ações, a pensar muito bem antes de adotar um procedimento, de tomar alguma decisão ou até mesmo agir rapidamente e com precisão nas situações mais emergenciais.

Sacerdócio envolve fazer sempre o melhor, não importa a situação.

Se o paciente está pagando, se tem dinheiro, se o atendimento é no meio da rua, se tem condições ou não, não importa. Exercer a Medicina como sacerdócio é dar às pessoas o seu melhor, porque não existe coisa tão preciosa quanto a vida, a não ser Aquele que a criou, sendo pois a fonte de toda vida.

SACERDÓCIO NÃO IMPEDE CRESCIMENTO

Enquanto acredito que o médico deve exercer sua profissão como um sacerdócio, defendo que essa visão não impede o profissional de fazer uso do *Marketing* para o seu próprio crescimento e ainda melhorar a qualidade do seu atendimento à comunidade.

O *Marketing* Médico é um caminho para desenvolver a carreira na área da saúde de forma inteligente, gerando e potencializando ganhos, até mesmo abrindo espaço para os pacientes apresentarem suas demandas, de forma que o profissional consiga atendê-los com muito mais eficiência.

Além disso, também acredito que essa questão vai muito além da dualidade entre o sacerdócio e o ganho/lucro. Essa relação está mais associada à dedicação que você tem à sua profissão e ao quão grande é o cuidado e valor que você dispensa aos seus pacientes, do que associada à imagem de um cabo de guerra entre vocação e lucratividade.

Veja bem, se você exerce sua profissão com esmero, criatividade, empatia e amor, isso ficará claro no seu trabalho, e as pessoas vão valorizá-lo mais. Se você tiver um sistema de crenças que permite a percepção da correlação entre esses dois aspectos, isso trará a energia positiva das pessoas para o seu crescimento financeiro.

— Ah, Netto! Mas no sacerdócio não é certo explorar as pessoas – você pode argumentar.

Na verdade, não devemos explorar as pessoas em situação alguma, em nenhum tipo de atividade exercida. Mas não estou falando de explorar os pacientes, mas sim de ter a percepção de que sua atividade e você como profissional merecem o reconhecimento conquistado, por fazer com amor e cuidado o seu trabalho. É a recompensa por tanto tempo que você dedicou aos estudos, por todo o investimento financeiro (seu e dos seus pais) realizado no decorrer da sua carreira.

Você tem que ter um sistema de crenças que enxergue o sacerdócio como algo que traz valor à sua vida e que merece reconhecimento quando feito com verdade e dedicação. Mas, para que as pessoas reconheçam e valorizem seu trabalho, você tem que se valorizar primeiro.

— Ah, Netto! Mas se eu cobro mais caro por uma cirurgia ou consulta, porque sou referência no que faço, vou excluir as pessoas simples, os pobres, quem não tem plano de saúde e depende do SUS – você pode argumentar.

Essa talvez possa ser uma visão limitada, pois uma coisa não exclui a outra. Veja bem, se você vai ganhar mais, seu negócio vai crescer e você vai ter mais condições de doar, fazer filantropia, realizar cirurgias gratuitas. Além disso, a tendência é que você atenda com mais qualidade, porque não vai precisar atender tanta gente para ganhar o suficiente para esse crescimento. A insensibilidade tem mais a ver com os valores de alguém do que com o quanto ele cobra por seus serviços.

As pessoas que valorizam seu trabalho ajudam você a conceder um tempo de qualidade para outras pessoas que precisam. Uma corrente do bem!

Se todos fizessem isso, seria ótimo! Essa é a realidade dos países mais desenvolvidos! Além disso, podemos refletir: quem possibilitou a fundação de muitas obras de caridade, creches, orfanatos e hospitais com iniciativas voltadas para o social? Não são muitas dessas instituições criadas por profissionais que conseguiram crescer e são hoje donos de grandes negócios?

Obviamente que você pode ter se formado e escolhido atender em hospitais públicos com o objetivo de dar assistência às pessoas mais necessitadas. Eu respeito essa decisão, mas também preciso respeitar sua decisão se ela consistir em tomar outro rumo para ajudar essas mesmas pessoas, buscando crescer financeiramente e aprimorar o seu trabalho, suas técnicas, para oferecer um atendimento de qualidade àqueles que podem e aos que não podem pagar.

Vale lembrar que, seja o seu ideal atendendo em hospitais públicos ou privados, todo objetivo de ajudar pode perder o sentido quando você, profissional de saúde, acaba ferindo a si mesmo para curar os outros. Por isso, reforço aqui a importância de trabalhar sua carreira como um Sacerdócio Inteligente.

O Sacerdócio Inteligente consiste em trabalhar com seriedade, dedicação e esmero, sem depreciar o valor próprio, otimizando cada vez mais recursos que permitam o crescimento profissional, o aprendizado e a descoberta e/ou desenvolvimento de novas técnicas em prol da saúde humana.

SACERDÓCIO INTELIGENTE + MARKETING INTELIGENTE

Uma carreira inteligente precisa de um processo de *Marketing* também inteligente, e à altura. A verdade é que não existe uma receita, uma fórmula que dê resultados igualmente satisfatórios para todos. A inteligência da estratégia está justamente em se adequar à necessidade do médico, uma estratégia personalizada para um profissional específico.

Ser inteligente é ter suas próprias ideias a partir daqueles que são referência para você, e não apenas copiar de alguém.

Mas, então, como você poderia analisar quais estratégias são importantes para integrar o seu planejamento de *Marketing*?

Primeiro, é preciso entender que o resultado no *Marketing* são as pessoas "alvos" desse *Marketing*, a quem vamos chamar de público.

O público de um pediatra, por exemplo, é diferente do público de um geriatra. Enquanto um atende especificamente crianças, o outro atende especificamente idosos. A região também pode influenciar em grandes mudanças no público.

Uma coisa é construir uma estratégia de *Marketing* se resido e atendo no Estado do Amazonas, uma região ainda com grande área de matas, de comunidades ribeirinhas e muitos rios. Outra coisa é construir uma estratégia de *Marketing* em São Paulo, que é uma megalópole, ativa, acordada 24 horas por dia, onde boa parte das pessoas vive para o trabalho e outra parte está tentando fugir dessa correria.

Mas a análise de um público não se limita a saber apenas idade ou região geográfica de um grupo de pessoas. Há duas formas muito eficazes de conhecer melhor o seu público: a primeira delas é lançando uma pesquisa, para formar uma *persona* – um ou mais perfis que representem os seus pacientes. A segunda forma é testando, experienciando, a exemplo de uma pesquisa de campo, porque nada resiste aos resultados práticos. Você pode ter a melhor das estratégias, ter estudado muito bem seu público, mas, como "treino é treino e jogo é jogo", muitas teorias podem cair por terra quando se está em campo.

É nesse processo que você precisa ter maturidade para se adaptar, mudar, ajustar as estratégias e assim ir melhorando cada vez mais.

Quanto mais ações você fizer, mais descobertas terá e mais diversidade de público alcançará; quanto mais frequência você tiver e quanto mais você investir, mais energia no coração você vai colocar; e quanto mais você errar, mais você vai aprender.

DICIONÁRIO

PERSONA & AVATAR

Assim como em qualquer aérea de atuação, o *Marketing* tem muitos termos peculiares, que ao serem vistos pela primeira vez acabam parecendo um tanto estranhos, mas logo se tornam bem comuns, à medida que vão sendo explicados.

Há dois termos, inclusive, que muitas pessoas acabam trocando seus nomes e descrições, mas que fazem parte da realidade do *Marketing* atual. São eles: *avatar* e *persona*.

O *avatar* é composto pelas características de uma pessoa imaginária, que representa o seu paciente ideal. Então, vamos supor que você trace o perfil do seu paciente como um jovem empresário, de 32 anos, casado, pai de dois filhos pequenos, média salarial de 30 mil reais por mês, mora em Brasília, é graduado e pós-graduado e, apesar da vida corrida, se esforça para visitar regularmente o consultório médico. Pronto, está feito um *avatar*. Quanto mais características para compor esse perfil, melhor, porque você vai conseguir trabalhar com mais eficácia as estratégias para alcançar esse cliente.

A *persona* é muito parecida com o *avatar*, porém, é ainda mais detalhada, tendo até mesmo a imagem dessa pessoa sugerida e um nome, como em um tipo de "ficha cadastral". Então, você passa a imaginar que o seu paciente se chama Felipe, tem estatura mediana, cabelo curto, usa óculos, barba, não está acima do peso... e tudo isso pode ser ilustrado em uma foto genérica, escolhida em um banco de imagens, que na sua opinião se enquadre bem nesse perfil.

Algumas pessoas chegam a dizer que os dois termos são a mesma coisa, mas eu enxergo que a *persona* é uma coisa ainda mais profunda, porque tem mais riqueza de detalhes, tendo até uma foto, enquanto o *avatar* é algo mais descritivo e não necessita de uma imagem.

EVITANDO FRUSTRAÇÕES NO MARKETING

Escuto muitos médicos comentando que contrataram serviços de *Marketing*, mas acabaram se frustrando com as estratégias por diversas razões. A boa notícia é que há como evitar ou minimizar consideravelmente esse tipo de frustração ao contratar um planejamento de *Marketing* Médico.

Em muitos desses casos, esses médicos entraram como jogadores talentosos em campo, mas sem um treinador. É lógico que um atleta talentoso treina antes de entrar em campo e entra com vontade de vencer, mas a falta de um treinador pode prejudicá-lo, pois ele terá somente a visão interna do jogo (a dele) e não a visão externa do campo (a do treinador).

É justamente para que você não entre em campo como um jogador sem orientação – apesar de todo o talento e conhecimento – que é importante ter um mentor, porque esse profissional é alguém que já deve ter passado por situações, enfrentado desafios bem semelhantes aos seus, e conseguiu superá-los. Ele sabe quais são os atalhos errados, os melhores caminhos a serem tomados, e isso vai ajudá-lo a poupar tempo.

Talvez pareça ser mais caro para alguns contratar um mentor, porém precisa-se pensar no custo-benefício desse investimento, já que com um mentor experiente você ganha tempo e aumenta a lucratividade, porque ele é aquele que já alcançou os resultados que você está querendo apresentar.

> Mentor é uma pessoa que orienta e presta um serviço a alguém, originado em sua própria experiência êxitosa e conhecimento adquirido na área, um guia, um sábio e experiente conselheiro.

Apesar da contratação do mentor, é importante que você não deixe o serviço completamente nas mãos de outras pessoas, porque isso dificulta o acompanhamento do processo. Fazer isso seria como levar o seu carro ao mecânico e não se importar com o que ele está fazendo em seu motor.

Por isso, a contratação de uma mentoria em *Marketing* Médico não irá isentá-lo de pesquisar e buscar entender mais sobre o assunto. Pelo contrário, ela estimulará você a saber cada vez mais sobre a atividade específica, para que, posteriormente, consiga fazer muitas coisas sem precisar de ajuda e continue aprendendo cada vez mais com seu mentor.

Outra forma de minimizar as frustrações – por incrível que pareça – é justamente você colocar a sua alma na atividade pretendida, marcar com o seu jeito e com a sua cara e estilo. Vamos supor que o seu mentor diga:

— Invista 1.000,00 reais nesse tipo de estratégia X.

— Não vou investir 1.000,00 reais, vou investir apenas 10,00, porque se der errado, pelo menos perdi só 10,00 reais – você insiste.

> Se você não coloca a sua alma em seus projetos,
> se não acreditar neles, esse desacreditar já
> se configura em autossabotagem.

E, consequentemente, você vai passar anos e anos acreditando que a sua carreira não dá certo, porque investiu em uma estratégia ruim e perdeu dinheiro ou porque você é azarado. Entretanto o problema não é o seu "azar", mas sim você, que está se sabotando e balizando tudo por meio de uma ou duas experiências que não deram certo.

A LIBERDADE DA "CRIAÇÃO" E SUAS DORES

A autossabotagem é agir contra si mesmo, provém da dificuldade de acreditar em si. Sem dúvida, é um problema que atrasa muito a aplicação das estratégias do *Marketing* Médico. Porém outras questões podem entrar em campo e nem sempre são apenas de responsabilidade do profissional de saúde. Certas dores por ele relatadas muitas vezes são justificáveis, como, por exemplo, a dificuldade de encontrar um profissional de *Marketing* que saiba associar a criatividade ao profissionalismo.

Ainda existe aquele estigma de que "os profissionais de criação não têm responsabilidade com horários, com prazos". A verdade é que pessoas irresponsáveis ou desorganizadas existem em qualquer área de atuação. Com o *Marketing*, não é diferente. Da mesma forma que há aqueles profissionais de criação que se perdem nos prazos, há também aqueles que são bem-organizados e ainda superam as expectativas de seus clientes.

Ninguém está imune a encontrar pessoas que atrapalhem sua jornada e, realmente, nem sempre é tão fácil identificar se o profissional que está sendo contratado é responsável ou não com o trabalho que realiza. Mas como é possível minimizar as chances de isso acontecer?

Primeiro, é importante ter em mente: cuidado, temos a tendência de nos comportarmos igual ao profissional que estamos contratando. Nós nos sentimos bem quando estamos perto de pessoas iguais a nós. Então, você acaba indo na conversa e se conectando com alguém que é parecido com você, inconscientemente.

Considerando isso, quer contratar um profissional super-responsável, dedicado, atencioso e organizado? Seja você primeiramente esse profissional. Estude, aprenda, acorde cedo, invista em você, "pague o preço mais alto".

A segunda maneira de reduzir as chances de uma contratação malsucedida é ter clareza de aonde quer chegar, porque quando não há essa clareza, as pessoas que trabalharem com você poderão desviar a sua rota, fazendo-o de marionete ou simplesmente influenciando você por um caminho que não tem a ver com a sua identidade.

Seria como chegar a um restaurante com vontade de comer um filet mignon e o garçom explicar a você que não tem esse tipo de prato, mas tentar convencê-lo a pagar por outros que poderiam ser tão bons ou até mais caros do que aquele pretendido.

— Bem, eu não tenho o filet, mas tenho salmão. Pode ser? – ele pergunta.

— Não, eu quero filet mignon – você responde, decidido.

— Também temos o faisão, que está muito saboroso. O que acha? – ele continua.

— Obrigado, mas eu quero comer filet mignon – você insiste.

Obviamente que o garçom não necessariamente está oferecendo outras opções por maldade ou falta de profissionalismo. Afinal, o trabalho dele é tratar bem o cliente, que talvez tenha chegado ao restaurante com vontade de comer um filet mignon, mas não estava tão decidido assim e acaba aceitando outra opção.

> Quando você está convicto e sabe bem do que precisa,
> em vez de aceitar qualquer outra proposta do primeiro
> profissional que encontrar, vai procurar o profissional que
> tenha o que você necessita e que, acima de tudo,
> passe segurança em cumprir o que promete.

A terceira maneira de reduzir as chances de uma contratação malsucedida é selecionar as pessoas muito mais pelos valores, pelos princípios delas, do que por suas competências e habilidades. Porque competências e habilidades são fatores treináveis, mas princípios e valores são desenvolvidos ao longo de toda uma vida.

Por mais que muitos pensem que "vida pessoal" e "vida profissional" não se misturam, valores e princípios pessoais são visões de mundo que carregamos sempre conosco. Se um profissional não tem comprometimento com valores que guiam sua vida, dificilmente cumprirá seus contratos com excelência.

Ou, então, o profissional pode ser muito competente e apresentar ótimos resultados, mas se for desonesto pode "puxar o seu tapete" a qualquer momento.

Por isso, é melhor você contratar um profissional correto, honesto e comprometido com bons princípios e valores – que pode até não ter todas as competências que você procura – do que um profissional com um currículo invejável, mas de péssima reputação. Afinal, contratando o primeiro perfil de profissional, você pode até precisar fazer alguns ajustes no projeto com o tempo, mas em contrapartida terá a certeza de que poderá contar com o total empenho dele e talvez até pagando um preço mais baixo.

Já no segundo perfil de profissional, você terá de pagar um alto preço, devido ao currículo dele, e corre o risco de não ter suas expectativas correspondidas ou até mesmo levar um golpe. O primeiro profissional pode até dizer que não sabe sobre o que você está pedindo, mas será verdadeiro com você. Ou ainda pode dizer "não sei, mas vou aprender para poder atendê-lo", o que é mais louvável. Mas nunca mentirá e nem deixará de cumprir o que se comprometeu a entregar.

EU FAÇO!

No *Marketing* de Resultados, em algum momento você vai precisar se conectar com aquelas pessoas que deram atenção para você. Alguém vai fazer a você uma pergunta e só quem poderá respondê-las é você mesmo, porque se o potencial paciente perceber que não é você respondendo aquelas perguntas, pode ficar frustrado e irritado. Ele se apegou à sua comunicação, suas crenças, seu jeito de ensinar, seu conhecimento, e agora quer aplicar aquilo a uma coisa mais pessoal, e só você vai conseguir ajudá-lo com isso. Responder aos seus seguidores e pacientes, isso só você faz!

EU DELEGO...

Enquanto há coisas que só você pode fazer pelo seu *Marketing* Médico, há outras atividades que você pode delegar a outros profissionais, e essa medida provavelmente o ajudará a economizar muito mais tempo para focar no que realmente você deve se ocupar, que é essa comunicação com os seus pacientes.

Essas funções que podem ser delegadas estão mais ligadas ao campo técnico, como, por exemplo, a construção de suas mídias. Isso é importante colocar nas mãos de um profissional especializado, porque ele vai otimizar o seu tempo para produzir o seu próprio material, estudar e gravar. Enquanto isso, a edição e aprimoramento do formato dessas publicações ficam a cargo do profissional de *Marketing*.

DR. JOSÉ NETTO

No meu caso, eu dou mentoria em *Marketing* para Médicos, porque eu também sou médico e sei bem a realidade que os profissionais dessa área vivem. Por conhecer bem esse cenário, tenho capacidade de adaptar as estratégias e assim aplicar um planejamento de *Marketing* Médico personalizado ao meu cliente.

Quando eu cheguei ao mercado médico como otorrino, tinha uma excelente formação e acreditava que isso era o suficiente para ter sucesso. Cheguei até a investir bastante em rádio, televisão, panfletos, nos primeiros seis meses, mas isso não trouxe resultado algum. Então, eu pensei o seguinte:

— Eu devo estar fazendo alguma coisa errada!

E comecei a me questionar sobre onde estaria o meu erro. Após muito refletir, percebi que fazer *Marketing* não é tão fácil como parece. Diferentemente do que muitos médicos pensam, *Marketing* não é "só divulgar" ou apenas "investir em publicidade".

Por isso, comecei a estudar e a corrigir as minhas ações, e entendi que os resultados estão nos detalhes, nas entrelinhas. Quando eu comecei a fazer isso, o jogo virou e isso representou a aproximação de muito mais pessoas ao meu negócio ou atividade – como prefira chamar – por vezes pagando até mais caro para estar ali comigo.

O *Marketing* Médico é uma questão de diagnóstico correto e de tratamento personalizado que respeite o profissional, contexto e público a quem se dirige. Disso, médicos entendem!

PRESCRIÇÃO

Como citei anteriormente, só consegui melhorar os resultados com relação à divulgação do meu trabalho quando me dediquei a descobrir onde eu estava errando, para então ajustar essas questões. Por isso, quero sugerir aqui um exercício para você também avaliar se os resultados que tem conseguido são satisfatórios para você e como pode começar a ajustar as suas questões para trazer resultados melhores.

1. Cite os três maiores motivos pelos quais você faz o que faz na sua área de atuação.

Motivo 1	
Motivo 2	
Motivo 3	

2. Faça uma lista com as características das pessoas que você pensa em atender. E ali você coloca o gênero, faixa etária, região que essa pessoa mora, poder aquisitivo, religião, o lugar em que ela reside, estado civil, que tipos de mídia essa pessoa consome, se assiste a muitos telejornais... enfim, monte o seu *Avatar*.

Gênero	
Faixa etária	
Região geográfica	
Poder aquisitivo	
Religião/crença	
Moradia	
Estado civil	
Mídias que consome	

3. Evolua com seu *Avatar* para transformá-lo em uma *Persona* e encontre uma foto que represente o seu paciente, além de dar um nome a ele.

Nome:

O impacto desses três passos é que você obterá mais clareza sobre quem você quer alcançar e, a partir daí, vai ficar mais fácil de estabelecer um plano de ação. Afinal, como você poderá saber se achou o que queria se nem mesmo havia definido o que queria?

Nos próximos capítulos, vou acompanhá-lo na criação da sua marca. Uma marca forte no mercado, capaz de acelerar a sua prosperidade. Minha pretensão é que você se posicione com mais segurança e conquiste mais clientes.

Para isso, será fundamental seu compromisso com a realização de cada PRESCRIÇÃO deste livro. Sugiro que você resista à tentação de ignorar os exercícios e, se quiser aprofundar mais essa atividade, ao final do livro tem um endereço digital para você acessar e se divertir enquanto aprende.

Não se utilize de atalhos e nem pule etapas, esse hábito é próprio de amadores que perdem a chance de se diferenciar e deixar de ser mais um na multidão.

II

COMO SE DIFERENCIAR NO MARKETING MÉDICO

"Conteúdo constrói relacionamentos.
Relacionamentos são baseados em confiança.
Confiança gera receita."
Andrew Davis
Fundador do Monumental Shift

II

O *Marketing* Profissional tem inúmeros benefícios, considerando seus diversos aspectos. Os benefícios subjetivos, como: mudar o estado emocional das pessoas, se conectar, iniciar os relacionamentos, fortalecer os laços e criar redes de contato. E os benefícios objetivos, como: aumento das vendas, fidelização, expressão de autoridade e validação de mercado, entre outros.

Porém, para que todos esses aspectos tenham um mesmo sentido que os unifique, para que tenham a justificativa de se apresentarem como propósitos únicos a serem cumpridos, precisamos responder à pergunta: "Por que vou investir em *Marketing* no final das contas?". Bem, a resposta para essa pergunta já começamos a desenvolver no capítulo anterior, que é para liberar conteúdo, influenciar pessoas, e tudo isso se resume à palavra vender: você está se vendendo. Vendendo o seu serviço.

Esses aspectos começam a se justificar exatamente quando tentamos entender como essa venda pode ser realizada. Hoje em dia, você não consegue vender um produto ou algum serviço sem criar conexão com o público. E para criar conexão com as pessoas, relacionamento com quem vai comprar de você, e para formar um vínculo de confiança entre as partes, é preciso dizer a verdade.

Por mais que se tente maquiar, omitir ou exagerar informações pelo *Marketing*, as pessoas que são alcançadas por essas ações vão acabar descobrindo a verdade, porque atualmente as redes sociais e a *internet* como um todo permitem um acesso muito maior à informação e, por mais que chegue uma torrente de notícias falsas, há também ferramentas e métodos que possibilitam a checagem da veracidade.

Então, essas pessoas que são atingidas pelo *Marketing* têm como checar se existe congruência naquilo que está sendo dito, podem buscar opiniões de outras pessoas sobre aquele produto ou serviço que lhes está sendo apresentado, e isso pode derrubar uma propaganda enganosa. Por isso que nos dias de hoje é até inteligente que os bastidores do trabalho sejam expostos de forma intencional.

Para exemplificar esse conceito da importância de um *Marketing* Autêntico e verdadeiro, suponhamos que um médico esteja investindo na divulgação de seu trabalho nas redes sociais para aumentar o número de pacientes. Ele começa a dar um caráter mais profissional às suas publicações, porém, também expõe um pouco de sua vida pessoal, permitindo que as pessoas vejam o estilo de vida saudável que ele leva, indo regularmente à academia, com uma alimentação balanceada, sem exageros no trabalho, entre outros fatores. Quando o público se deparar com essas informações, provavelmente irá pensar que há congruência entre o que ele diz aos seus pacientes em potencial nas redes e o que ele pratica no cotidiano.

Agora vamos imaginar que esse médico estivesse querendo divulgar seu trabalho nas redes, mas também postasse fotos fumando, bebendo refrigerante, vídeos com a cara de quem não dormiu bem, entre outros flagrantes de descuidos com sua própria saúde. O que o público iria pensar sobre ele? Que tipo de credibilidade teria um profissional que quer levar as pessoas a cuidar de sua saúde, mas não cuida da saúde dele mesmo? Isso seria praticamente como assinar o atestado de que ele está vendendo um serviço no qual ele próprio não acredita que seja bom. É aquele velho ditado que não convence ninguém e acaba com a autoridade do indivíduo: "Faça o que digo e não faça o que eu faço".

As pessoas não compram conscientemente
seu conteúdo, mas sim a sua pessoa.

SEM MENTIRAS, NEM VERDADES EXAGERADAS

Há tanta gente que faz um serviço bem-feito de *Marketing*, com excelentes imagens, frases de impacto, um *copywriting* perfeito, de persuasão, mas não vende! Por quê? Provavelmente, porque o público esteja percebendo que por trás de toda aquela produção não existe verdade, que algo está sendo omitido ou talvez até exista "verdade", mas com exageros. Isso acaba abrindo lacunas nas opiniões das pessoas, que as deixam desconfiadas e as fazem recuar.

A verdade exagerada acontece quando, ao falar de um fato reconhecido como verdade, como inegável, o profissional acaba gerando no paciente um sentimento desnecessário de urgência ou até mesmo um certo pânico.

Suponhamos que um médico esteja desconfiando da existência de um tumor benigno em seu paciente e acredita que as chances de tumor maligno são mínimas. Porém ele acaba exagerando ao comentar essa verdade.

— Bem, só vamos ter certeza quando fizermos a cirurgia. Então, vamos correr com isso o quanto antes – diz o médico ao paciente.

Não vejo a necessidade de um médico usar de uma abordagem que assusta com seu paciente, porém esse profissional de saúde – talvez por medo de perder o paciente – cria urgências desnecessárias e potencializa, especula sobre um perigo que talvez não seja tão grande. Às vezes, esse "tumor" é algo do tamanho de um grão de milho, que pode ser removido do organismo do paciente sem grande perigo, com um simples procedimento cirúrgico, mas o médico age como se ele colocasse uma lente de aumento para que o grão de milho pareça do tamanho de uma tangerina.

Esse tipo de abordagem já foi bastante utilizado no *Marketing* tempos atrás, conseguindo até enganar ou manipular muitas pessoas. Porém, nos dias de hoje, o paciente tem acesso à informação por diversos canais, por isso, precisamos trabalhar estritamente com a verdade pura, simples, fácil de entender, e sem exageros.

NÃO SUBESTIME O PÚBLICO

Meu alerta sobre o perigo de maquiar informações, mentir, omitir e até mesmo usar de verdades exageradas no *Marketing* se dá justamente pelo motivo de que não é mais possível subestimar o público.

É bem verdade que há pessoas tão ardilosas que são capazes de ludibriar e manipular para atender aos seus próprios interesses, porém, mesmo que essas pessoas consigam enganar um número considerável de pessoas, isso não permanece por muito tempo. É como construir uma mansão sobre a areia da praia. Logo virá a tempestade e por falta de base sólida – no caso, a verdade – toda essa construção virá abaixo.

Mas como as pessoas conseguem perceber quando estão diante de uma mentira ou simplesmente de alguém que não tem segurança naquilo que está falando?

Em primeiro lugar, há pessoas que, mesmo sem ter provas, conseguem de alguma forma "sentir a verdade". É aquela questão do sexto sentido, da intuição, por mais que elas não consigam provar de forma mais concreta, algo lhes diz que o que estão ouvindo ou vendo não faz sentido. Elas sentem uma certa estranheza, vinda de não sabem onde.

42 | MANUAL DO MARKETING MÉDICO

Em segundo lugar, existe a questão da linguagem corporal; e o nosso corpo, muitas vezes, fala bem mais do que as nossas palavras. Então, às vezes você está gravando um vídeo e não percebe que está olhando diversas vezes para a direita, que está coçando muito a parte de trás da cabeça, e esses movimentos são sinais de insegurança, que a pessoa pode emitir quando está mentindo ou quando simplesmente não tem certeza do que está falando. Essas informações já são bastante divulgadas e hoje em dia não precisa ser um *expert* em linguagem corporal para saber sobre alguns desses sinais que promovem uma interferência entre o dito e o não dito.

Mesmo que uma pessoa não seja do tipo que tem aquele "sexto sentido" ou até mesmo que não tem qualquer informação sobre os sinais corporais emitidos em casos de insegurança por parte de quem está falando, ainda assim pode descobrir muitas coisas sobre a sua vida, porque todos nós estamos cada vez mais expostos na *internet*. Seu CPF está no Google, é possível rastrear comentários de outras pessoas sobre você, com algumas pesquisas é possível encontrar colegas seus da turma da faculdade, que vão poder falar sobre você. E, muitas vezes, essas pessoas nem precisam de palavras para dizer alguma coisa, basta ficarem em silêncio que já estão dizendo muita coisa.

Então, se quer arriscar construir seu sonho, seu legado, em cima da areia, fique à vontade, mas isso inevitavelmente vai mostrar a você que está perdendo tempo. É melhor começar devagar, com ganhos menores, porém mais sólidos e sustentáveis.

Construir uma base sólida para o seu trabalho é algo que vai lhe dar segurança para mais adiante você poder dormir tranquilo e não precisar de muito esforço para vender, pois o seu histórico vai ajudá-lo nessas conquistas.

Exemplo disso eu posso apontar na minha própria carreira.

Muitas pessoas já ligaram para o meu consultório com o pretexto de estarem marcando uma consulta, mas que, na verdade, só queriam ver se realmente era verdade o que eu anuncio na *internet* sobre ajudar os médicos a terem mais clientes particulares. Essas ligações eram apenas para checar se a minha agenda estava realmente lotada, só para ouvir a secretária dizer que não tinha vaga e que em uma situação de urgência poderia tentar um encaixe. Então, quando conseguimos chegar a esse ponto, isso nos poupa muito esforço.

Essa construção de uma imagem baseada na verdade também deixa você bem tranquilo com relação aos *haters* nas redes sociais, porque quando você está faltando com a verdade ou simplesmente não tem segurança no que você mesmo fala, o primeiro pensamento que lhe vem à mente é sobre aqueles que estão prontos a colocá-lo no paredão de fuzilamento, prontos para descobrir qualquer deslize seu e o expor.

Mas quando você está com a verdade, sabe como lidar com eles, sabe que o problema deles é mais deles do que seu. Então, isso deixa você até mais à vontade para criar, influenciar e aumentar o alcance da verdade.

DICIONÁRIO

HATERS

Um fato interessante sobre o *hater* é que, se formos analisar o termo em inglês ao pé da letra, ele significa "odiador", ou "aquele que odeia". Ele basicamente é aquele usuário das redes sociais que tem como único objetivo destilar críticas destrutivas, muitas vezes, de forma gratuita e desmedida.

Isso me chama muito a atenção, porque tem muito a ver com a identificação da inverdade, e quando ele se depara com qualquer deslize de quem ele odeia, realmente explode como um barril de pólvora. Porém vale lembrar que os *haters* são elementos inevitáveis da *internet*, com os quais precisamos aprender a lidar. Por mais que não gostemos deles, quem sabe não são as aves de rapina da *internet*?

Frequentemente, meus alunos me questionam como lidar com os *haters*. Pode crer, as mensagens de ataque por eles desferidas, na maioria das vezes, mais ajudam do que atrapalham. Porque aqueles que enxergam valor na nossa mensagem demandam ainda mais energia a nosso favor e isso potencializa o alcance da mensagem.

Sendo assim, a forma mais sábia de se lidar com *haters* é estimulando que eles falem mais e mais, utilizando perguntas como: "Por que você pensa assim?", "Sério que você chegou a essa conclusão?", "O que pretende conseguir com suas palavras?".

ASPECTOS SUBJETIVOS – O PODER DOS RELACIONAMENTOS

Como já expliquei, desenvolver relacionamentos, vínculos, com o público é primordial para a venda e, consequentemente, para o *Marketing*. Mas por que isso? Porque os relacionamentos revelam ter muito poder quando alcançamos o emocional das pessoas, que é uma forma pela qual podemos marcar e impactar vidas, nos levando assim a ganhar um espaço nas lembranças dessas pessoas, ficamos armazenados no espaço das boas memórias e dos significados. E é aí que está a grande diferença entre ser reconhecido e ser lembrado.

Vejamos o exemplo de dois médicos. O primeiro deles é muito bem-conceituado em sua área de atuação, conhecido por dar muitas palestras, entrevistas na televisão, com muitos seguidores nas redes sociais e inscritos em seu canal do YouTube, além de apresentar tratamentos inovadores e muito eficazes. Logicamente, uma foto dele será facilmente reconhecida por muitas pessoas, tendo sua imagem imediatamente ligada a toda essa credibilidade – o que é muito bom para a carreira de um profissional de saúde.

Já o segundo médico não tem tanto destaque nas redes sociais como o primeiro, mas é muito competente, atencioso, educado e cuidadoso com seus pacientes, fazendo sempre uso da verdade, não disfarçando situações, nem exagerando nas verdades. Muitas vezes, os pacientes sentem a liberdade de fazer certas confissões em seu consultório, o que gera não apenas um atendimento de rotina, mas vivências, expressões de empatia, em situações nas quais o médico não enxerga somente um caso, um diagnóstico, mas sim o ser humano à frente dele. Sem dúvida, para que esse paciente se lembre desse profissional de saúde, não será preciso ver uma foto, pois a lembrança daquela situação marcante ficará guardada para sempre em sua memória.

Então, qual dos dois exemplos poderia ilustrar melhor um *Marketing* Autêntico, verdadeiro e eficaz?

A minha resposta é que ambos têm elementos muito fortes de um bom *Marketing*. No primeiro caso, vemos um exemplo claro de quem sabe realizar a divulgação de seu trabalho nas mais diversas plataformas de mídia, valorizando assim todo o seu investimento em adquirir mais conhecimento, conseguindo ser amplamente reconhecido pelo público. Já no segundo caso, temos outro elemento muito importante para o *Marketing*, que é a criação de uma conexão mais forte com seus pacientes, por ter vivenciado com eles momentos marcantes em suas vidas, no cuidado de algo tão precioso, que é a saúde desses pacientes. Dessa forma, ele será sempre lembrado por praticamente todas as pessoas que passaram por seu consultório.

Por isso, quando falamos em mudar o estado emocional das pessoas, isso não se refere apenas a algo momentâneo, mas sim a marcar, impactar pessoas que têm contato conosco. Isso é a construção de um legado e é exatamente esse conceito que faz uma marca se tornar forte.

Por mais que os pacientes se sintam bem em um escritório bonito, tendo o atendimento de um serviço de recepção bem-feito, quando o médico sabe impactar as pessoas, pode atender alguém até mesmo no meio da rua ou em um consultório não tão confortável, que ainda assim as pessoas darão preferência a esse profissional.

A verdade é que uma boa divulgação, a estrutura do consultório, a estética, o conforto... todos esses fatores contam ponto a favor do médico, mas o relacionamento com o paciente é algo que transcende tudo isso. Quantos profissionais de saúde já não ouviram das famílias de seus pacientes frases como "você foi um anjo na nossa vida" ou "doutor, para nós é Deus no céu e você aqui na Terra, de tanta gratidão que sentimos".

Quando um médico chega ao ponto de escutar isso, consegue entender que transcendeu qualquer ação de *Marketing* e, no final das contas, um *Marketing* baseado em sensações, experiências com os aspectos subjetivos da carreira, é muito poderoso para render resultados. O fator subjetivo carrega consigo muito potencial para alavancar as vendas.

O conceito de *Marketing* e de *branding* busca entender o que as pessoas sentem quando ouvem falar no seu nome, e essas sensações chegam a partir do que você consegue proporcionar às vidas das pessoas, e não precisa ser de forma pessoal, pode acontecer enquanto elas escutam a sua voz – em um *podcast* ou uma entrevista no rádio – ou interagem com você em um grupo de troca de mensagens. Isso pode fazer as pessoas mergulharem dentro de si, enxergarem o que estava oculto e se conhecerem de uma forma ainda não experimentada. Enfim... elas acabam acordando para uma nova realidade.

Atualmente, há um conceito de que podemos fazer muito mais do que informar e apresentar às pessoas o nosso trabalho e, de fato, elas estão precisando de algo além da informação. Temos a possibilidade de inspirar, motivar as pessoas e, quanto maior for o número de profissionais com essa compreensão, de que a mensagem pode carregar algo mais que uma "dica" ou uma propaganda, muito mais profissionais poderão entregar à sociedade algo com significado, e o final disso é a prosperidade para esses profissionais e benefício para a população.

ASPECTOS OBJETIVOS – O PODER DA MÉTRICA

Como afirmei anteriormente, os aspectos subjetivos são essenciais para o *Marketing* Autêntico, mas também não podemos negar a necessidade dos aspectos objetivos, que ajudam a nortear as estratégias e ações de *Marketing* de um profissional. Não podemos viver em um sonho, no qual não é preciso vender, ganhar dinheiro, fidelizar o cliente, entre outras questões, porque talvez isso estaria mais para um devaneio.

Quando falamos desses aspectos objetivos, nos referimos a elementos mais tangíveis, desenháveis, mensuráveis, que são, de fato, muito importantes, porque são eles que desenham o método, que fazem a estratégia.

Para ilustrar essa questão, podemos pensar em um velocista participando de um importante torneio olímpico. Certamente, o que há de mais importante naquele momento são fatores subjetivos, que estão dentro desse atleta e que não foram treinados: sua paixão pelo esporte, seu talento, sua vontade de vencer, suas motivações, seu sentimento de realização de ter chegado até ali e até mesmo o sentimento de uma missão em pleno cumprimento. Porém tudo isso pode ir por água abaixo, caso esse talentoso velocista não tenha treinado para esse momento.

Se esse atleta não passou por um bom treinamento, com estratégias, metodologias, metas estabelecidas, se não tiver seus indicadores sendo acompanhados, com um bom equipamento, toda essa "raça", essa gana por vencer, pode ser frustrada, justamente porque ele foi para uma competição achando que estava correndo sozinho e sem os equipamentos necessários.

Então, enquanto há aspectos subjetivos a serem observados, há também importantes questões objetivas, que precisam ser consideradas para avaliar aquilo que não é tangível por si só.

O aspecto subjetivo de mexer com o estado emocional das pessoas não é tangível, porém o aspecto objetivo da questão torna isso mais tangível quando, por exemplo, descobre-se qual tipo de imagem ou conteúdo pode chamar mais a atenção das pessoas e por qual motivo.

No YouTube já existem dados que mostram que se você colocar na *thumbnail* (imagem de capa) do seu vídeo uma imagem sua com uma borda branca em volta, isso gera mais cliques. Há dados também que mostram que se você colocar nessa *thumbnail* o seu rosto com uma expressão mais intensa, indicando medo, susto ou alegria, isso também gera mais cliques, mais resultados. Tudo isso é técnica, é método e ainda uma forma de tornar mais tangível algo que antes parecia intangível, como o ato de gerar esse impacto, essa mudança no estado emocional das pessoas.

Outro elemento tangível do *Marketing* é a análise de métricas. Você só consegue saber se melhorou seus resultados se analisar números, afinal, como você vai saber o que precisa potencializar se não analisar em números como está o seu desempenho? Um exemplo prático disso é o investimento em anúncios, que estão bem acessíveis atualmente em redes sociais e outras plataformas.

Vamos supor que você tenha investido R$ 50,00 em anúncios do Google e R$ 50,00 no Facebook Ads. Depois de um mês, percebe que está recebendo duas vezes mais pacientes vindos pelos anúncios do Google em comparação aos do Facebook. Então, onde é que você vai investir mais dinheiro nos próximos meses? Naquela plataforma que está rendendo mais resultados – no caso do exemplo, o Google.

Como a análise de métricas e os dados de pesquisas relacionados ao impacto das imagens sobre a atenção das pessoas, há vários outros elementos do *Marketing* que você pode acionar, como por exemplo: qual a rede social que mais está crescendo? Como se comporta essa rede social que está crescendo? Esses e outros questionamentos são todos elementos tangíveis que você precisa colocar no seu sistema, na sua estratégia.

Como eu disse, obviamente que é importante atender bem, colocar a sua verdade no seu trabalho, dar o seu melhor, mas também é preciso observar os números, porque são justamente eles que vão ajudá-lo a alcançar uma quantidade maior de pessoas e gerar esse impacto positivo sobre elas, prestando o atendimento com o diferencial que você sabe que tem.

Além disso, a estratégia e o método – compostos por esses elementos mais tangíveis, os aspectos objetivos – ajudam você a economizar recursos, energia e talvez o ativo mais importante nos dias de hoje, que é o tempo.

O tempo é a única coisa que, depois que você gasta, não consegue mais recuperar. Então é importante fazer de tudo para que o tempo seja um investimento e não um desperdício.

SUA MAIOR REFERÊNCIA É VOCÊ MESMO

Creio que toda pessoa deseja crescer profissionalmente, deseja ter o seu valor reconhecido, chegar mais longe. Eu quero crescer ainda mais e tenho certeza de que você, leitor, também quer. Mas, então, o que você pode fazer para crescer, para chegar ao ponto que deseja, que visualiza como sua meta? Como pode saber se está evoluindo, se estacionou ou se está regredindo dentro desse processo? Ou como pode saber que de fato está no processo? Bem, você precisa ter alguma referência para confirmar isso e, nessa jornada, não há referência melhor para você do que... você mesmo.

Se você ficar se comparando a outra pessoa, as chances de se desestimular no processo são muito maiores do que se você olhar para dentro de si. Quando você se compara a outra pessoa, que talvez ganhe mais dinheiro ou que tenha uma qualidade de vida muito superior à sua, talvez pense que está muito longe de chegar ao nível de crescimento que ela conquistou, que jamais vai conseguir chegar àquele destino que você sonhou para sua vida, e ficará com aquela sensação de que não está conseguindo crescer e galgar o espaço "que o outro se encontra". Esse tipo de comparação nos faz estacionar ou regredir.

O erro dessa meta, baseada em uma comparação com outra pessoa, é que você tem outra história, e por mais que tenha potencial para crescer muito mais do que já sonhou, talvez sua jornada seja diferente à da pessoa com quem você está se comparando. Talvez ela tenha um dom diferente, que você não tem, ou pode ter recebido uma herança milionária da família. Ou talvez ela tenha até enfrentado ou ainda enfrente dificuldades seríssimas em alguma área da vida dela, que você nem mesmo consegue imaginar.

Outra possibilidade é você se comparar a outra pessoa e julgá-la por ter um crescimento "inferior" ao seu, de alguma forma. A questão é que essa pessoa pode não estar expondo seu processo de crescimento. Ela pode estar crescendo em segredo, bolando uma grande estratégia, enquanto você, que se acha tão maior, começa a entrar em uma zona de conforto, por ter como referência uma pessoa aparentemente com um ganho mais reduzido que o seu.

Porém, de repente, essa pessoa descortina todo o seu crescimento de uma vez e apresenta um verdadeiro espetáculo, surpreendendo todos, sobretudo você, que a julgava como alguém estagnada.

> **Tentar crescer se baseando em comparações com outras pessoas é uma decisão cega e só vai servir para limitar o seu processo de crescimento.**

Existem formas diferentes de crescer e chegar ao lugar aonde você sempre sonhou. Cada um possui seus recursos e por isso é melhor você começar se conhecendo, descobrindo quais são os seus pontos fortes, quais são os seus pontos fracos, em vez de ficar se comparando com outras pessoas. Quando você opta pelo autoconhecimento, direciona suas energias e esforços para o lugar certo, isso o levará a ganhar tempo. Por isso digo: a sua maior referência é você mesmo.

50 | **MANUAL DO MARKETING MÉDICO**

Nesse momento em que você busca o seu próprio crescimento, esqueça o outro; você pode até aprender muitas coisas com ele, mas não queira trilhar o mesmo caminho, porque a sua jornada é única. Por isso, o seu *Marketing* também deve ser único. Embora seu *Marketing* seja único, é bom conhecer alguns tipos existentes na atualidade.

MARKETING HORIZONTAL

Desde que o mercado é mercado, o termo concorrência teve seu conceito bem definido e até mesmo com regras bem estabelecidas sobre o que está dentro e fora da ética entre as empresas que prestam um tipo de serviço semelhante. Porém, com o passar do tempo, apesar das definições claras do que é ou não é concorrência, elas passaram não exatamente por alterações, mas sim por algumas adaptações, devido ao modo como o mercado tem se desenvolvido.

Exemplo disso é o conceito de *Marketing* Horizontal, que implica justamente em você fazer mais conexões com outras empresas – que antes eram vistas meramente como concorrentes – com a finalidade de alcançar mais pessoas. Então, dentro disso, é preciso entender o seguinte: suponhamos que a quitanda A vende bananas e tem ciência de que a quitanda B também vende bananas. Olhando dessa forma, pode parecer que ambas são concorrentes, afinal de contas quem compra na A não vai comprar na B. Porém vale a pena entender que quem compra na A não é apenas pelo produto em si, mas também pelo atendimento, pelas facilidades de pagamento, pela organização do estabelecimento, entre outros fatores. E, se esse freguês ainda não comprou da quitanda B, pode ter sido porque ainda não teve a chance de passar pelo estabelecimento antes. Então, no momento que as quitandas A e B se associam, o que antes poderia parecer concorrência, agora se torna parceria e os públicos de ambos os estabelecimentos acabam se somando. Com isso, a quitanda A tem acesso ao seu próprio público e ao da quitanda B e vice-versa. No final das contas, existe mais uma soma do que uma subtração, porque o alcance de público aumentou muito.

Assim acontece o *Marketing* Horizontal, que hoje é um conceito muito mais inteligente e amplo. Trazendo para o contexto da Medicina, vamos imaginar que você, médico, tenha uma agenda de clientes, mas acaba tendo de se ausentar alguns dias por motivos de cuidado com a sua própria saúde. Então, para você não deixar seus pacientes sem atendimento, lhes indica outro médico de sua confiança.

Veja só que interessante, você está indicando um paciente seu a um "concorrente", mas isso, na verdade, pode fortalecer ainda mais a fidelização do seu paciente, porque não simplesmente desmarcou o atendimento, mas providenciou que ele fosse atendido por outro profissional que você mesmo indicou. Isso é também o indicativo de que você tem muita segurança, que não tem medo de "perder pacientes".

Outra possibilidade do *Marketing* Horizontal é quando, ao atender o seu paciente, você comenta que, se ele quiser uma segunda opinião, tem um profissional da sua confiança para indicar. No final das contas, o paciente vai pensar o seguinte:

— Puxa, que legal. O doutor pensou até nisso, em me deixar mais confiante, mais seguro, me indicando a outra pessoa.

Além disso, essa indicação para uma segunda opinião também gera o gatilho mental do desapego, mostra que você é um profissional extremamente seguro, que não tem problema em saber que seu paciente pode até receber uma opinião diferente, mas você está seguro do seu potencial.

Considerar o *Marketing* Horizontal e se associar com outro colega ou outra empresa do mesmo nicho é sempre mais moderno, porque se você não se associa a outros, eles vão se associar com e entre eles, e serão mais fortes que você, terão mais impacto, mais influência. É uma questão de inteligência, melhorar no âmbito profissional, mas nunca andar sozinho, sempre criando uma boa rede de relacionamentos interprofissional.

DESTRAVANDO O MAIOR PODER DO MARKETING

Se destaquei a importância do *Marketing* Horizontal como algo moderno e indicativo de segurança, quero também chamar atenção para que o médico não perca de vista o *Marketing* Autêntico, desenvolvido por mim, que possui um sentido mais vertical, comprometido com a verdade e com a profundidade. Aqui é onde mora o verdadeiro poder em se fazer um *Marketing* capaz de proporcionar resultados impressionantes para qualquer negócio que se propõe em fazê-lo com maestria.

— Mas, Netto, como é que eu vou atingir essa profundidade? – você pode me perguntar.

Justamente aumentando a força das suas conexões. Se você faz um vídeo de 30 segundos, falando sobre o seu trabalho, pode muito bem patrociná-lo nas redes sociais e conseguir alcançar milhões de pessoas, mas provavelmente essa

52 | MANUAL DO MARKETING MÉDICO

ação não teve profundidade, não teve a chance de causar admiração, sentimentos duradouros e impacto nas pessoas atingidas.

Já no momento em que você recebe uma mensagem particular de um paciente em potencial no seu perfil do Instagram, querendo tirar uma dúvida, esse pode ser o início de uma troca de mensagens que leva até mesmo à fidelização do paciente, porque você deu atenção a ele, atendeu a uma necessidade dele. Essa ação foi bem mais vertical e aprofundada do que o alcance de milhões de visualizações com o seu vídeo.

A diferença entre um e outro é que, naquele vídeo de 30 segundos, muitas pessoas podem ter visto esse vídeo e se interessado, outras nem tanto – o que não invalida a importância da divulgação. Porém, nessa conversa direta com o possível paciente, ele sentiu verdade nas suas palavras, cuidado no seu atendimento e, por mais que você tenha passado mais de 30 minutos conversando com essa pessoa, o objetivo de ganhar um novo paciente foi alcançado. Então, quanto mais você criar essas oportunidades e aprofundar esses relacionamentos, mais as pessoas vão sentir a sua verdade, sua sinceridade, e esses relacionamentos vão ser cingidos com base em uma rocha.

Durante o ano de 2020, um período de crise pandêmica, o *Marketing* vertical se tornou (e se tornará) mais importante do que nunca, porque com o isolamento social as pessoas acabaram revelando o quão carentes elas são, ou estavam, por atenção, por se relacionar com outras pessoas. E diante dessa carência identificada, quem se aprofundar mais nos relacionamentos e for autêntico na construção deles vai ter uma marca mais forte.

EU FAÇO!

Se tem algo que um médico precisa fazer com suas próprias mãos e por sua própria capacidade é a elaboração do conteúdo que será postado em suas redes sociais. Obviamente que ele pode contar com o apoio técnico de um revisor de textos, por exemplo, ou de um editor de vídeo, mas as informações que serão passadas – seja em textos, fotos ou vídeos – precisam ser elaboradas pelo próprio profissional de saúde, porque quando não há apropriação do conteúdo por parte do profissional, isso se torna flagrante e é muito prejudicial para sua carreira.

EU DELEGO...

O médico pode muito bem delegar a análise dos dados oriundos das ações estratégicas e das métricas de suas redes. Ele pode contratar alguém para analisar tais números e os resultados das estratégias que ele elaborou. Contrata esse profissional – ou equipe – e diz:

— A nossa estratégia serão *lives* semanais e *reels* diários no Instagram.

Então, o profissional que foi delegado analisa quantas pessoas foram alcançadas, quantas pessoas se tornaram clientes, quantas pessoas que se tornaram clientes compraram o produto do *ticket* mais caro, se foram pessoas com o perfil que a clínica deseja alcançar ou se foi um público com perfil não esperado... Enfim, ele analisa as métricas, os indicadores, e registra os resultados obtidos.

A partir dos indicadores de resultados que são coletados, o médico e sua equipe de *Marketing* irão pensar e planejar as próximas estratégias.

DR. JOSÉ NETTO

Eu sou o primeiro médico de um pequeno distrito na cidade de Barbalha (CE) e ainda o médico pioneiro da minha família. Então, o profissional que eu me tornei chamou a atenção das pessoas da minha cidade e eu fui convidado a receber a homenagem de Personalidade do Ano em 2018.

Na ocasião em que fui receber esse prêmio, que se chama "Monsenhor Murilo", eu dei uma palestra com um perfil muito mais emocional do que técnico, porque foi baseada na minha história de vida e na importância de agir com autenticidade. O tema da palestra foi "Eu Paguei o Preço". Ela foi gravada, eu publiquei o vídeo em meu canal no YouTube e acabou viralizando de tal forma que, por meio dele, eu consegui muitas inscrições para o meu canal e muitos admiradores também.

A verdade é que nesse dia eu tinha feito um esboço do que eu ia falar e acabei perdendo o papel. Então, tudo o que falei ali veio realmente do meu coração, com base na ideia de que é preciso estar disposto a pagar o preço para alcançar os seus objetivos e sonhos.

Falei das dificuldades que meu pai, minha mãe, minha irmã e eu enfrentamos e nada do que falei foi decorado ou ensaiado. Quando percebi o impacto que aquele discurso gerou sobre as pessoas, entendi a importância de se falar com a intenção certa e sem máscaras.

Fato é que, até hoje, aquela palestra continua me rendendo bons frutos e me surpreendendo sempre em seus resultados. Por causa dela, consegui vender cursos e até mesmo apresentar o meu trabalho na área de Comunicação, bem como na Medicina.

Então, o benefício de nós mergulharmos dentro de nós, de nos conhecermos e emanarmos para o mundo a melhor de nossas intenções é que um dia tudo isso vai voltar para nós de alguma forma. Isso é *Marketing* Autêntico.

PRESCRIÇÃO

Mergulhar nessa busca pelo autoconhecimento e, assim, conseguir promover um *Marketing* Pessoal Autêntico é bastante desafiador. Porém quero apresentar aqui algumas sugestões bem práticas que poderão ajudar você a dar os primeiros passos nessa jornada.

1. Escreva a seguir os maiores desafios que você teve na sua trajetória, até se tornar essa pessoa que você é hoje.

Desafio 1	
Desafio 2	
Desafio 3	

2. Grave um vídeo, contando com riqueza de detalhes cada um desses desafios, inclusive as suas sensações e seus sentimentos quando passou por aquelas situações, explicando o que você fez para vencer esses obstáculos.

3. Em seguida, exponha isso para as pessoas, porque elas vão se conectar com a sua história e, a partir de então, tudo que você for ensinar para essas pessoas vai ter um significado muito maior.

Esse é um exercício simples e verdadeiro, que inclusive eu aplico quando ministro alguns *workshops* e jornadas, maratonas de Comunicação e de Medicina. Eu sempre peço para as pessoas fazerem esse exercício e já recebi vários relatos de pessoas que disseram que fizeram isso e tiveram resultados espetaculares em autoconhecimento, e as métricas em redes sociais mudaram para melhor.

A verdade é que a publicação desse material vai levar a pessoa que o segue nas redes sociais a olhar para você como alguém semelhante a ela, que passou por lutas, que também enfrenta dificuldades e que conseguiu vencê-las. Toda essa identificação de histórias gera uma forte conexão. Um tipo de conexão que ultrapassa o profissional.

III

ÉTICA NO MARKETING MÉDICO: OS LIMITES DO PODER

"É necessário cuidar da ética para não anestesiarmos a nossa consciência e começarmos a achar que tudo é normal."
Mario Sérgio Cortella
Filósofo, escritor, palestrante e professor brasileiro

III

O que eu posso e que não posso fazer dentro do *Marketing* Médico? O que está de acordo e o que está em desacordo com a ética nesse campo? Perguntas como essas já me foram feitas por meus clientes diversas vezes e eu também acredito que você, leitor, pode estar se perguntando sobre essas questões, após falarmos sobre o quanto o *Marketing* pode ser útil para ajudar a alavancar sua carreira médica.

É indiscutível que a ética deve ser sempre observada e respeitada. É justamente por entender que ela está além de ser simplesmente guiada por uma abordagem "isso pode, isso não pode" que proponho aqui um olhar mais clarificador para você se situar e se contextualizar no assunto específico.

Gosto sempre de acreditar que mais importante do que pensar no que você "pode e o que não pode fazer" é pensar sobre "o porquê" de fazer ou não aquilo que está em questão. Digo isso porque o Conselho Federal de Medicina veta certas ações, enquanto incentiva que outras sejam adotadas.

Obviamente que, para caminhar dentro da ética, você não fará o que a organização veta, mas isso também não quer dizer necessariamente que você vá fazer exatamente tudo o que é estimulado por eles. Cada ação deve ser analisada por você, com a seguinte pergunta: "Por que é importante que eu faça (ou deixe de fazer) isso?".

O "ESPECIALISTA"

De fato, há certas ações que o Conselho Federal de Medicina (CFM) veta por meio do seu "código de ética", isso é necessário para guiar os vários procedimentos que envolvem as atividades do profissional e nisso também está incluído o *Marketing* Médico.

Uma das coisas que o profissional de saúde não pode fazer é dizer que trata algo em específico sem ter o título de especialista daquela área de atuação.

E você pode perguntar:

— Mas por que essa proibição, Netto? Eu posso não ter especialização, mas ainda assim ter desenvolvido um tratamento com resultados comprovados. Vou ser proibido de seguir com esse projeto só porque não sou especializado?

Bem, a verdade é que se você insistir em anunciar um tratamento sem ter a especialização necessária para tal, pode confundir as pessoas. Por exemplo, digamos que você é um clínico geral e aprendeu com alguém a técnica de implante capilar. Então, passa a divulgar que está oferecendo tal procedimento e algumas pessoas procuram o seu serviço. A demanda começa a crescer não somente para esse tipo de tratamento, mas também para outros, como aplicação de *botox*, preenchimento, *peeling*, e você passa a divulgar que trabalha também com tais procedimentos, pois isso pode aumentar a quantidade de atendimentos em seu consultório.

O que é alarmante nessa situação não é o fato de seu consultório oferecer tratamentos cada vez mais variados, mas sim o fato de você não ter se especializado em nenhuma dessas áreas. Ao praticar sua atividade nesse formato, sem a devida especialização, você pode estar ultrapassando os limites da ética, porque está colocando em risco a saúde das pessoas, por isso o CFM veta esse tipo de ação.

Afinal de contas, por mais que muitas pessoas julguem uma aplicação de *botox* ou *peeling* como procedimentos "simples", se eles forem feitos por um profissional sem a perícia necessária, os efeitos podem ser mais graves do que se imagina.

Portanto, a ética é um assunto primordial e fundamental, devendo ser consultada e utilizada em qualquer atividade profissional, pois cada área profissional tem uma ética específica que a rege e, dentro de cada área, existem as especialidades em que se aprofunda.

O *Marketing* Médico também deve estar comprometido com a ética do profissional da Medicina, para que seja realizado de forma séria, segura, e que garanta resultados sustentáveis.

TECNOLOGIA NÃO GARANTE TRATAMENTO

É vetado pelo Conselho Federal de Medicina o médico
afirmar que tem uma capacidade privilegiada para determinado
tratamento por conta de um aparelho que ele possui.

Mas por que isso é proibido? Porque os pacientes podem começar a pensar que a capacidade técnica e o resultado daquele tratamento dependem mais do aparelho do que do médico. Então, digamos que você seja um dermatologista com formação em uso de *laser*. Se essa moda de priorizar mais um equipamento que a capacidade profissional começar a ser utilizada, é bem possível que o paciente queira vir a saber mais sobre o aparelho X para usar no tratamento do que se importar com a sua especialidade, capacidade e perícia na área.

E qual é o problema de colocar o foco na máquina, se no final é o resultado que interessa? A questão é que a tecnologia muda, a abordagem muda, mas a base científica, o conceito por trás daquele tratamento, não. Somente o ser humano vai saber o porquê e para que a máquina foi criada, além de como e quando utilizá-la. É justamente por isso que é o médico quem guia o equipamento e não o contrário.

Além disso, a máquina não tem um poder de adaptação que um ser humano tem. Então, é o profissional quem pode e deve passar a segurança necessária ao paciente, mas sempre com base em sua perícia, em sua formação, e não por ter adquirido uma máquina mais moderna.

Afinal, para comprar a máquina e aprender a operá-la não é necessário ser médico, mas para anunciar um tratamento eficaz de verdade, é preciso ter diploma e especialização.

O mesmo princípio é utilizado em relação à perícia, a capacidade do profissional versus a tecnologia. É o profissional que se utiliza da tecnologia, do *Marketing*, e não o *Marketing* ou a tecnologia que faz o profissional. O *Marketing* Médico sem um bom profissional não tem sustentabilidade, pois é o profissional que lhe concede a seriedade e a credibilidade necessárias.

PROPAGANDA ENGANOSA

Segundo o Código de Ética do Conselho Federal
de Medicina, o médico também está proibido de
se envolver em propaganda enganosa.

Sei que isso pode parecer meio óbvio quando falo dessa forma, mas a verdade é que, no cotidiano de seu trabalho, o profissional de saúde precisa estar bem atento para se certificar de que isso não esteja acontecendo. Muitas vezes surge uma oportunidade de ser comissionado ou ganhar um incentivo em certa área, para que ele apoie e divulgue um determinado produto de algum fabricante.

Porém é possível que, posteriormente, venha à tona a notícia de que os resultados prometidos por aquele produto eram enganosos e tudo não passava de um grande golpe.

Talvez essa empresa seja uma pirâmide financeira, que não tem relação forte com a Medicina, com a saúde, mas acaba usando da autoridade e credibilidade dos médicos perante a sociedade para vender uma falsa ideia de resultados "milagrosos", prejudicando assim muitas pessoas que confiaram na palavra desse profissional de saúde.

É sempre muito importante que o médico diga não a todas as propostas que surgem para fazer uso de seu nome para uma estratégia de dar credibilidade a certo produto. O CFM veta totalmente essa prática. Até mesmo quando se trata de escrever algum artigo, dar alguma aula ou participar de algum evento promovido por algum fabricante, é preciso checar muito bem as origens desses produtos, se têm tradição no mercado, como são fabricados e ofertados. Certamente, com seu conhecimento adquirido na faculdade e ainda com o tempo de exercício da Medicina, só você, profissional, conseguirá identificar até mesmo se aquelas promessas são cientificamente possíveis de se cumprir ou não.

Como profissionais de saúde, temos que ter sempre em mente que há uma autoridade e credibilidade praticamente intrínsecas ao jaleco e ao nosso nome.

Um bom exemplo do quanto nossa responsabilidade como médicos está mais à prova do que nunca é que atualmente estamos vivendo a era das *fake news*. Se repassamos "notícias" sobre tratamentos, produtos ou remédios que se apresentam como uma solução muito esperada, mas não checamos se há rigor científico nessa informação, podemos causar sérios problemas à sociedade. Atualmente, da mesma forma que as pessoas têm fácil acesso à informação, também têm fácil acesso à desinformação.

ACEITAÇÃO DA COMUNIDADE CIENTÍFICA

A divulgação de um método ou uma técnica que ainda não
sejam aceitos pela comunidade científica é outra ação
vetada pelo Conselho Federal de Medicina.

Bem sei que é possível que um médico tenha desenvolvido alguma técnica, com resultados bem claros de sua eficácia. Na verdade, é por esse caminho que muitos avanços da Medicina ocorrem. Porém, antes de partir para a divulgação desse método, é importante que esse profissional se empenhe em mostrá-lo à comunidade científica.

Imaginemos que isso seja como lançar um foguete de uma base espacial. A maior quantidade de combustível é gasta quando o objeto lançado está lutando contra a força da gravidade e o atrito do ar por ocasião da sua saída do planeta Terra. Se ele não conseguir vencer esse primeiro estágio do lançamento, provavelmente esse já se constitui um sinal de que não está pronto para chegar ao espaço e ainda precisa de ajustes. Da mesma forma é o desenvolvimento de um novo método. Ele precisa passar pelo crivo da comunidade científica. Do contrário, ainda precisa de ajustes – o que é totalmente normal nesse processo de descobertas e avanços da Medicina.

O mais interessante é que, assim como o foguete, que depois de superar a força da gravidade e atrito do ar já não precisa mais fazer tanto esforço para continuar subindo, o mesmo pode ocorrer com a criação de um novo método. Depois de ser aceito pela Comunidade Científica, muitos dos membros dessa comunidade podem até mesmo contribuir de alguma forma com a divulgação dele, dependendo do quão inovador e relevante eles considerem que esse novo procedimento seja para a sociedade.

Por isso, se você, médico, desenvolveu um método realmente bom, com resultados comprovados e relevância para a sociedade, não desista dele.

Mas, antes de divulgá-lo, concentre suas energias em fazer com que ele chegue ao conhecimento da comunidade científica, porque isso agregará muito mais credibilidade à sua descoberta e manterá você dentro da conduta ética prevista no Código de Ética do CFM.

Feito isso, esse método pode se tornar um legado seu para a sociedade!

EXPOSIÇÃO DO PACIENTE

Os ditames da publicidade médica também dizem que é proibido expor a figura do paciente como meio de divulgar uma técnica, um método ou resultado de tratamento.

Isso ainda é muito polêmico, porque algumas pessoas dizem que "não há problema algum" nessa exposição e outras afirmam que isso foge à ética profissional na Medicina. Enquanto algumas sociedades médicas em outros países não proíbem essa prática, no Brasil isso é realmente proibido, pelo menos por enquanto.

É bem verdade que, atualmente, algumas resoluções jurídicas acabaram permitindo que essa prática fosse adotada, como, por exemplo, a divulgação da imagem do paciente em um "antes/depois". Porém o CFM justifica que proibiu a exposição dos pacientes de forma geral, para que as pessoas não acreditem que aquele resultado sempre vai acontecer daquela forma, que vai ser sempre possível para todo mundo, porque essa dedução não condiz com a verdade.

Além disso, quando se criou essa regra, a ideia já era resguardar a própria imagem do paciente. Suponhamos que uma mulher faça uma cirurgia de implante de silicone, que realmente tenha obtido um ótimo resultado. Por mais que a imagem tenha sido editada e que tenha conseguido esconder de alguma forma as partes íntimas da mulher, se qualquer deslize da edição permitir que aquela mulher seja identificada, talvez ela venha a se sentir exposta ao andar na rua e ouvir comentários em razão do procedimento cirúrgico, como: "Ah, foi você que fez a cirurgia do silicone? Ficou muito bom", ou até algo mais ofensivo, que cause constrangimento.

Então, a ideia sempre foi resguardar o paciente dessa exposição e, ao mesmo tempo, reduzir as expectativas, mostrar que aquele resultado exposto na foto não é garantido, pois isso também envolve a reação do próprio organismo ao procedimento.

Particularmente, eu tenho aprendido que o caminho pode estar em um meio-termo para isso, que seria evitar ao máximo a figura do paciente e focar nos resultados, lembrando sempre que eles não acontecem exatamente da mesma forma em todas as pessoas e dependem das condições clínicas, bem como do quanto o paciente irá seguir as recomendações médicas para o pós-operatório. Então, dessa forma, você consegue vencer essas limitações impostas pelo código do CFM, se mantendo dentro dos critérios éticos.

ANÚNCIO DE "EXCLUSIVIDADE"

O Conselho Federal também proíbe que o médico anuncie ter domínio sobre "técnicas exclusivas", alegando que somente ele pode oferecer certo tipo de tratamento.

Os motivos dessa proibição: evitar que os pacientes busquem esse médico com motivações equivocadas e impedir que os profissionais de saúde entrem em uma "briga por mercado", que fiquem focados apenas em "ver quem é o melhor" e deixem justamente sua missão, que é o sacerdócio da Medicina, em segundo plano.

Esse perigo de uma competitividade desmedida, na verdade, não é uma questão exclusiva da área médica, mas sim algo causado pelo egocentrismo humano de forma geral. No Brasil, essa briga por espaço, por mercado, também já culminou em situações de morte. Imagina se o conselho anuncia algo como: "Agora vocês podem anunciar tudo que consideram ser exclusivo e que vença o melhor".

Além disso, o perigo de você fazer uso desse tipo de anúncio sobre certa exclusividade, em determinado método ou tratamento, pode também soar como uma mentira, porque é possível que algum outro profissional esteja fazendo uso do método, mesmo sem divulgar. Então, se alguma pessoa conhece o assunto e vê o seu anúncio, pode contestar, acusá-lo de emitir "propaganda enganosa", mesmo que você não tivesse tal intenção.

Para lidar com essa limitação, creio que nós podemos conquistar pessoas, podemos ser referências no mercado sem dizer que temos alguma exclusividade sobre determinada técnica – por mais que a tenhamos em determinado momento.

Podemos fazer com que as pessoas percebam que nós somos os melhores, sem que de fato venhamos a afirmar que o somos. Por exemplo, em vez de um médico dizer "eu sou o único do Brasil que faz cirurgia da base do crânio", ele poderia dizer "sou muito grato pela formação que eu tive nos Estados Unidos, que me trouxe segurança para fazer uma cirurgia muito específica, muito difícil tecnicamente; me sinto muito realizado por poder ajudar as pessoas que sofrem com isso". Então, as pessoas vão começar a perceber que o profissional, você, é bom naquela área. Na verdade, essa segunda abordagem é até mais inteligente, porque demonstra a humildade, a educação e o preparo do profissional.

Todo o Código de Ética do Conselho de Medicina visa justamente a boa prática médica, a prática da forma mais segura para os pacientes, sem necessidade de engessar o trabalho dos médicos.

É possível você resolver os conflitos entre o *Marketing* Médico e a Ética Médica? Sim, é possível! Em alguns casos, orientei clientes meus a contornar isso em uma única consultoria. É possível você desenvolver um método único, sem esbarrar nos ditames éticos? É possível também! Mas é sempre bom que você lembre que existem passos alternativos para anunciar algo – sem necessariamente buscar a exclusividade – que se tornam ainda mais rentáveis e seguros para médicos e pacientes.

Muitas vezes, a limitação é necessária por um lado, mas, por outro, ela também pode ser superada sem que o profissional fuja da ética.

"POLÊMICAS" DO CÓDIGO

Como vimos anteriormente, há regras do Código de Ética do CFM que são muito claras em suas justificativas e totalmente compreensíveis. Porém há outras que têm levantado bons debates entre profissionais que são contra e outros a favor, ou até mesmo tenham dúvidas sobre como tais normas poderiam ser respeitadas, sem que a carreira profissional fosse restringida.

> Um exemplo de norma "polêmica" do Conselho Profissional
> é a que o médico não pode se autopromover com
> a finalidade de angariar clientela.

Isso tem sido discutido por muitos profissionais como uma regra que não deveria ser exatamente retirada, mas sim reformulada, porque, de certa forma, o médico – assim como tantos outros profissionais – está sempre se autopromovendo e isso começa não com anúncios de publicidade, mas sim a partir do momento em que ele borda o próprio nome em seu jaleco.

Além disso, se ele exerce sua profissão com seriedade, por que ele não poderia se promover? Por que ele não poderia dizer à sociedade sobre o trabalho de excelência que ele realiza? Muito diferente de uma propaganda enganosa, por exemplo, esse é justamente o tipo de *Marketing* que faz bem à sociedade como um todo.

Pensemos juntos: e quanto aos médicos que se candidatam a cargos políticos? "Doutor Fulano, candidato a prefeito" ou "Doutor Cicrano, candidato a vereador". Isso não seria uma autopromoção? E quanto aos médicos que ministram palestras em congressos, que nem sempre são somente de Medicina? E quanto aos médicos que escrevem livros, como eu estou fazendo, de modo que este material chegue até você, leitor? Isso também não seria uma forma de autopromoção? Tudo que a gente faz, no fim das contas, não seria uma forma de angariar mais clientela? E por que não querer mais clientes? Por que não querer ajudar o maior número de pessoas? Por que não?

Se o profissional realiza um trabalho relevante para a comunidade, acho justo que ele se promova, porque isso não implica apenas na autopromoção pessoal, mas sim na promoção de seu trabalho, que é tão útil para a sociedade.

Há outra ação que o Conselho não exatamente proíbe em seu código, mas desestimula, que é a do médico procurar auferir lucros.

Bem, eu entendo que o Conselho queira que o médico procure em primeiro momento pensar sempre no bem-estar das pessoas e não colocar o lucro à frente disso, mas também não acredito que necessariamente um fator exclua o outro.

Você pode ser um profissional que trabalha honestamente, que exerce a Medicina com excelência e, ao mesmo tempo – sem precisar explorar as pessoas –, ter um negócio lucrativo, organizado, conseguindo assim condições de ajudar ainda mais o país, pagar mais impostos, exercer sua profissão com mais conforto, com equipamentos mais modernos, além de trabalhar elos e valorizar os seus clientes.

Imagino que o Conselho tenha essa conduta por entender que existe muita gente desonesta em todo lugar. No caso do Brasil, há muito suborno, muita corrupção e, se não houver um freio para tudo isso, a coisa desanda. Mas também acredito que essa política de "desestimular" o lucro com a Medicina possa ser repensada em seu formato e abordagem, pois um médico que tem bom senso sabe manter o equilíbrio entre a valorização de seus pacientes e os lucros que podem ser auferidos com sua profissão.

DICIONÁRIO

SENSACIONALISMO & AUTOPROMOÇÃO

Já que falamos sobre essa decisão do Conselho de vetar que o médico invista em autopromoção, creio que seja válido mencionar também o sensacionalismo, considerando que esses dois termos são os que o Conselho de Medicina acaba enfatizando mais. É importante o médico saber o que significa isso na visão desse órgão regulador.

Quando o Conselho proíbe a autopromoção, está se referindo à utilização de ações desleais, como colocar o lucro acima de qualquer coisa e procurar chamar mais atenção para a sua imagem do que para o benefício gerado pelo seu trabalho às pessoas.

Já o sensacionalismo, na visão desse órgão, está associado ao exagero, a fugir dos conceitos técnicos para priorizar a sua atuação, o seu consultório ou a instituição da qual você faz parte. Esses exageros podem ocorrer quando um médico adultera os números ou as estatísticas para beneficiar a si mesmo, quando procura trazer informações que geram um pânico desnecessário, com a finalidade de gerar mais lucros para ele. Exemplo disso pode ser um profissional de saúde que analisa o caso de um paciente e se apressa em dizer:

— Faça uma cirurgia urgente, pois essa doença pode matar você!

Às vezes podem até haver elementos de verdade na fala desse profissional, mas isso acaba recaindo sobre o que falamos anteriormente sobre a "verdade exagerada". Sensacionalismo é usar ou manipular imagens com objetivo de enganar, seduzir as pessoas, com a promessa de resultados que nem sempre são possíveis.

ÉTICA SITUACIONAL

Vejo o código do CFM como um importante guia, sobretudo para o *Marketing* Médico, porém entendo também que, além de observar as regras e normas, precisamos também estar atentos ao contexto em que estamos vivendo, fazendo sempre o uso do bom senso para ver se vidas não estão sendo prejudicadas por algum fator presente em determinada regra do código que pode ser reavaliada.

Quando falamos em ética, sempre pensamos no que é certo e no que é errado. Mas precisamos pensar nisso mais profundamente.

Nem tudo que é certo hoje é certo para sempre; e nem tudo que é errado hoje é errado para sempre, porque o comportamento da sociedade muda e o que não é bom para as pessoas hoje pode ser que seja bom amanhã.

Um bom exemplo disso é que, com a pandemia da Covid-19 (2020), muitas coisas que eram consideradas danosas, desvantajosas ou inseguras são vistas como boas opções atualmente. A Telemedicina, que antes da pandemia era mais limitada, devido à necessidade da consulta presencial, ganhou um pouco mais de liberdade durante esse período de crises que tem afetado o mundo de forma geral.

Como a situação impossibilitou o encontro das pessoas com o médico em muitos casos pelo risco de contágio do novo coronavírus, as consultas *on-line* passaram a ser mais estimuladas e, no momento em que se abriu espaço para isso, descobriu-se que haveria muitas vantagens ainda não percebidas nesse canal alternativo de atendimento. No mundo *on-line*, de uma forma muito mais rápida, é possível que o paciente consiga com muito mais facilidade uma segunda opinião médica.

— Olha, peça a opinião de outro especialista, está aqui o contato dele – pode dizer o médico ao atender o paciente *on-line*.

Em tempos ainda recentes, para conseguir esse outro parecer médico, o paciente teria que marcar uma consulta, para que o especialista analisasse seu caso, e só então ele poderia dar essa resposta. Porém agora é mais rápido. A possibilidade de ter ainda mais segurança para optar por um tratamento se tornou bem mais fácil, porque se essa segunda opinião pode ser passada *on-line*, a decisão pode ser tomada mais rapidamente.

70 | MANUAL DO MARKETING MÉDICO

Além disso, também é possível obter até mesmo um posicionamento multidisciplinar sobre determinados casos de pacientes, colocando diversos especialistas em uma sala virtual para debater a situação nessa videochamada. Os médicos também podem prestar assistência a um paciente internado em estado crítico de forma muito mais rápida via *on-line*. Posso afirmar isso porque vivenciei essa situação, com um caso em minha própria família.

Meu filho teve um problema muito grave de doença quando ainda era um bebê. Eu e minha esposa precisamos buscar opiniões de especialistas que moravam muito longe de nós, mas eram referência naquela área para falar sobre um possível tratamento. Até tentamos marcar a consulta presencial, mas como o bebê não tinha condições de fazer uma viagem aérea naquele momento, recorremos ao atendimento *on-line*.

De forma muito rápida, conseguimos os contatos deles e, através da Telemedicina, chegamos ao diagnóstico, que foi como um divisor de águas e que ninguém havia descoberto antes. Eu sou particularmente muito grato à tecnologia e ao meio digital, porque se não fosse por isso, talvez não tivéssemos tomado a melhor decisão sobre o tratamento para o caso do meu filho. Creio que o meu exemplo seja apenas um entre os de milhões de pessoas que foram beneficiadas pela Telemedicina.

Então, hoje eu entendo que, ao pensarmos em ética, antes de dizer se é certo ou errado, se é bom ou ruim, precisamos procurar entender a situação e o contexto em que tudo está acontecendo.

> Acredito que a ética bem analisada é você se colocar no lugar da outra pessoa, é olhar para cada caso com empatia, com benevolência. No final das contas, caso tenha dúvida sobre alguma conduta que esteja dentro ou fora da ética, considero que o amor ao próximo é um bom parâmetro.

ÉTICA OU PRECONCEITO?

Considerando que a ética geralmente é associada pelas pessoas aos conceitos de "certo ou errado", ela acaba também ligada ao conjunto de crenças e valores que carregam, fruto de sua educação, criação e das experiências que já vivenciaram. Por isso, valores e crenças podem até ser firmados como uma tábua de leis que governam a vida de cada um, mas em muitos momentos descobre-se que as leis que governam a vida de um indivíduo podem ser bem diferentes das leis que governam a vida de outro.

Não estou negando que existam verdades eternas, mas é preciso lembrar que nem todas são imutáveis. É possível que, ao passarmos por um momento doloroso, por exemplo, essa seja a oportunidade de repensarmos nossas próprias verdades, mas nem todas as pessoas encaram essa situação extrema como um momento de aprendizado e reflexão e seguem carregando consigo seus conceitos e leis que são duros como rocha – os quais chamamos de preconceitos, por serem assim preestabelecidos e não aceitarem qualquer tipo de reavaliação.

Como disse, de fato, deve haver conceitos universais que não mudam em sua essência, como amar ao próximo e respeitar a vida. Porém a aplicação de tais conceitos vai ocorrer de diferentes maneiras, conforme a situação recorrente. Talvez você tenha um pensamento já formado sobre alguma questão porque não está passando de fato pelo problema e usa de seus valores para julgar quem está sofrendo. Se você estivesse naquela situação difícil, talvez pensasse de uma forma diferente. E esses preconceitos, essas atitudes inflexíveis, podem nos levar a confundir as coisas e dar dez passos com um pensamento cartesiano, analítico, em vez do pensamento empático, do pensamento moldado pelo amor, que é flexível, que entende as pessoas e se adapta a elas.

Se olhar para os evangelhos da Bíblia, por exemplo, perceberá que os judeus condenavam quem estivesse na companhia de prostitutas e de outros judeus que fossem cobradores de impostos a serviço de Roma – considerados "traidores" do povo de Israel – ou ainda na companhia de leprosos, já que a enfermidade era associada a um "castigo em razão do pecado" na época. No entanto Jesus Cristo era visto no meio dessas pessoas.

— Mas você não se diz o "filho de Deus"? Como pode você andar com esse tipo de gente? – lhe perguntavam.

A questão é que Jesus Cristo entendeu que um problema na interpretação da lei estava gerando preconceito. A lei condenava a prostituição e a sonegação de impostos, porém o contato com essas pessoas não era proibido. O preconceito apenas levou a um equívoco na aplicação da lei.

Talvez, ao ler meu pensamento exposto dessa forma, você pode pensar:

— Ah, Netto! Mas se você for pensar assim, todo mundo vai se achar na liberdade de fazer o que é errado, alegar que aquilo que é certo é o que sua consciência diz.

Bem, realmente entendo que tal argumento até tem alguma base. Mas vale lembrar que tudo depende das nossas intenções. Se tivermos intenções

MANUAL DO MARKETING MÉDICO

egocêntricas, provavelmente estaremos no caminho errado, deturpando a realidade para atender nossos próprios desejos. Mas se tentamos mudar algo, adaptar, flexibilizar, pensando no bem do próximo ou no bem comum da sociedade, provavelmente estamos sendo guiados de uma forma ética.

Isso nos traz de volta à ética situacional, que exige de nós o bom senso para avaliar uma questão, uma necessidade. No caso da pandemia que vivenciamos em escala mundial desde 2020, por exemplo, conseguimos entender até onde a proibição dos atendimentos *on-line* era uma questão ética e até onde estava sendo influenciada por preconceitos. A situação extrema da crise pandêmica forçou uma "limpeza" nessa visão, em prol do benefício social e, mesmo após o término da pandemia, os benefícios alcançados pelo esforço da Medicina em atender os pacientes de forma segura continuam a valer.

MITOS QUE CERCAM O MARKETING

Bem, reconheço que os preconceitos limitam muito o avanço do *Marketing* Médico, bem como da Medicina de forma geral, porém os mitos – sejam subestimados ou superestimados – relacionados a essa área também são muito prejudiciais ao desenvolvimento das ações e ao exercício da profissão.

Para pontuar esses mitos, creio que podemos citar inicialmente o mais comum – que talvez até seja estimulado por uma inocência de muitas pessoas –, que é a ideia de que fazer *Marketing* é praticar algo errado, pelo simples fato de facilitar a venda de um produto ou serviço. Nos dias de hoje, vivemos a época da persuasão, o que é bem diferente da manipulação.

Na manipulação, a pessoa vai usar de técnicas de comunicação para induzir as pessoas a fazer algo que seja notório e benéfico apenas para ela, enquanto é prejudicial às pessoas manipuladas. Enfim, é um tipo de golpe. Atualmente, isso pode até acontecer, mas por um curto período, porque o acesso à informação está muito mais fácil do que antes. Já na persuasão, serão apresentadas informações verídicas, fatos, construindo uma linha de raciocínio que leve as pessoas a pensar sobre algo e tentar convencê-las de que aquela proposta realmente é vantajosa.

Esse mito relacionado ao *Marketing* Médico pode ser fruto da inocência de alguns, mas também pode ser usado por outras pessoas como uma estratégia de ataque à concorrência.

Suponhamos que eu publique um anúncio dos meus serviços nas redes sociais e então surja alguém me criticando pelo simples fato de eu ter divulgado o meu trabalho, alegando que "é errado fazer *Marketing* com a Medicina" ou que quem faz esse tipo de publicação está "apenas pensando no dinheiro e não nos pacientes", entre outros argumentos.

Então, essa é uma estratégia de "ataque" contra a concorrência usada por muitos no *Marketing*. Além de semear no público a dúvida sobre a minha conduta ética como profissional, a ação de comentar nas postagens de concorrentes também é uma forma de ser visto pelo público, de chamar a atenção, de expor o seu perfil. Além disso, o *hater* pode fazer uso do conceito de *branding* e marcar seus concorrentes em comentários cheios de críticas.

Então, é um mito acreditar que podemos viver sem *Marketing*, porque até quem não quer acaba convivendo com o *Marketing*. Também é um mito acreditar que só é ético fazer *Marketing* quando não se busca vendas, quando não se busca o lucro.

Bom, esse tipo de pensamento também é utópico, porque sempre vamos fazer *Marketing* pensando em ganhar. A questão é que podemos escolher se faremos isso da forma errada ou da forma certa, dentro da ética.

Se fizermos Marketing com base na manipulação das pessoas, estamos preparando uma armadilha para nós mesmos. Porém se o fazemos de forma persuasiva, levando a pessoa a enxergar com elementos verídicos que o que estamos apresentando é bom para ela, isso vai só acelerar seus resultados.

Outro mito que rodeia o *Marketing* é o olhar superestimado – e equivocado – de que a propaganda em si é suficiente para definir o sucesso profissional.

— Vou fazer a publicidade sobre o meu trabalho, vou divulgar meu nome e isso vai trazer grande sucesso para a minha carreira profissional – muitos pensam.

Mas não é bem assim. Para você alcançar os objetivos do *Marketing* Médico – que realmente está focado em beneficiar a sua carreira profissional –, não basta simplesmente divulgar o seu nome ou anunciar os tratamentos que você oferece. Não é só o fato de aparecer e ser lembrado que no dia seguinte o seu consultório vai estar lotado de pacientes à sua procura.

É preciso incluir nessa publicidade, nessa propaganda, a sua história, a sua pessoa, demonstrar as suas qualidades. Além disso, você tem que se empenhar em acompanhar os resultados desses anúncios, em interagir com o público. Se você superestimar o anúncio em si e esquecer de colocar o lado humano e essa pessoalidade, seus resultados serão frustrados. Vejo muitos médicos que investem em seu *Marketing* profissional e pensam:

— Ah, não é minha obrigação me ocupar com o meu *Marketing*. Eu pago uma agência e eles que se virem.

Hoje em dia não funciona assim, você tem que estar ali, mostrando às pessoas que também é gente como elas e que está disponível para ajudá-las, para atendê-las. Quando a publicidade se conecta com a sua história e a sua humanidade, é aí que o resultado vem.

EU FAÇO!

E por falar sobre a importância de não superestimar o poder da propaganda, acreditando que o simples fato de anunciar vai gerar os resultados desejados, vale lembrar aqui uma atividade que o médico que deseja investir em seu *Marketing* profissional não deve delegar: a descrição das suas atividades.

Às vezes, esse médico vai divulgar seu perfil com sua área de atuação em um site ou em uma rede social e eu creio que é mais seguro que esse profissional cuide pessoalmente da elaboração da descrição de suas atividades. Digo isso porque, muitas vezes, os profissionais da agência contratada podem descrever de uma forma que não seja correta ou até acabe soando como algo fora da ética.

Então, eu acho que esse é um texto que o próprio médico tem que escrever. Por mais que ele conte com a ajuda dos profissionais de *Marketing* para formar essa descrição, é ele quem tem de guiar essa elaboração, porque é ele quem possui o conteúdo correto a ser citado.

Por exemplo, a agência repassa uma descrição do perfil sobre o médico, citando-o como "especialista" em determinada área, sendo que ele ainda não tem especialização, apenas graduação.

Muitas vezes, esses pequenos detalhes podem gerar o que o Conselho de Medicina condena como autopromoção, trazendo fatores "exagerados" para a própria imagem do profissional. Além disso, a melhor forma de se descrever hoje em dia não é aquele formato de currículo, porque fazer isso não gera conexões, e sem conexões não existem vendas, negócios e parcerias. As apresentações mais bem-sucedidas requerem histórias, desafios superados e sentimentos, e ninguém melhor do que você para relatar isso. É algo indelegável.

EU DELEGO...

Visto que falamos tanto sobre ética no *Marketing* Médico, creio que cabe ao profissional de saúde delegar às autoridades responsáveis a definição do que é ético e o que não é; do que é correto e o que não é, e assim seguir exercendo o seu trabalho dentro do Código de Ética, visando sempre o bem da comunidade, o bem da sociedade como um todo.

O QUE É O MARKETING ÉTICO?

Bem, creio que após tanto falarmos sobre a ética no *Marketing* Médico, é válido sintetizar um conceito do que seria um *Marketing* ético. Por si só, o conceito de *Marketing* é um conjunto de ações que visam identificar e resolver o problema do maior número de pessoas. E ético é fazer isso de uma forma que não venha ferir os bons costumes, difamar a imagem do médico ou do paciente.

> O Marketing Médico Ético é um conjunto de ações que visam identificar e resolver o problema do maior número de pessoas de uma forma que não venha ferir os bons costumes, difamar a imagem do médico ou do paciente.

Então, eu acredito que ambos os conceitos se retroalimentam, pois o *Marketing* tem mais caminhos e possibilidades de dar certo quando ele segue em direção à ética. Se você faz, se comporta e se comunica de uma forma que seja condizente com os bons costumes e boas práticas que beneficiam as pessoas, não vai precisar se esforçar tanto no *Marketing*, não vai precisar forçar a barra ou insistir, porque os objetivos serão alcançados de forma mais natural e fluida.

O *Marketing* ético é formado por peças que se complementam, parece ser uma "pedra mágica", como dos filmes antigos, era a peça que faltava para completar um mosaico que, ao ser colocada em seu espaço próprio, leva significado e sentido ao todo.

DR. JOSÉ NETTO

Eu realizo consultorias e mentorias para o profissional de saúde crescer, e não com base simplesmente no que eu acredito que seja bom para o crescimento dele. Entendo que para cada pessoa há uma estratégia, um caminho melhor, com base no conjunto de valores pessoais de cada uma, de crenças, que deixem cada profissional confortável para fazer o que se propõe.

Eu não vou dizer para o médico: "O caminho é este aqui, vai ser mais vantajoso...", porque, se no final das contas, se ele não estiver confortável em ir contra o próprio conjunto de valores, essa minha atitude chegaria a ser antiética, justamente por ferir a consciência dele.

Nós, consultores e mentores, falamos sempre em sair da zona de conforto, mas sair da zona de conforto não envolve passar por cima das leis universais da sua própria consciência. Por isso, nas minhas consultorias, encontro justamente as melhores ferramentas para aquele médico buscar o crescimento, levando em conta a sua realidade, a sua criação, as suas verdades, seus tabus e a sua consciência, que as vezes envolve pontos de vista religiosos, espirituais, que transcendem inclusive os ditos do próprio Conselho Federal de Medicina.

O consultor/mentor não é simplesmente aquela pessoa que vomita as estratégias, que joga na mesa as cartas do baralho, antes é aquela pessoa que primeiramente escuta, absorve a informação, depois processa e entrega a ficha, a carta, o coringa que vai fazer seu cliente vencer o jogo.

É por isso que a mentoria/consultoria tende a produzir mais. Às vezes, o profissional faz um curso para várias estratégias, mas continua paralisado, sem

MANUAL DO MARKETING MÉDICO

agir, porque alguma coisa está batendo de frente com um valor seu e ele nem percebe que aquilo está travando todo o processo. Então, o mentor/consultor é aquela pessoa que diz: "Calma, nós podemos fazer de uma outra forma, que pode ficar mais confortável, que vai deixá-lo mais tranquilo para alcançar o que você deseja".

Para cada caso, uma estratégia, e para cada estratégia, sempre lembrar o mais importante: respeito.

PRESCRIÇÃO

1. Elabore três frases que resumem a sua missão e o seu propósito como médico. Exemplo: "Eu ajudo as pessoas a...; minha missão é...; meu propósito é...".

Frase 1	
Frase 2	
Frase 3	

2. Tente costurar as três frases em uma só e adote a frase final como seu slogan, para imprimir no seu cartão – físico ou digital –, expor no seu consultório, nas redes sociais, nos seus vídeos, na introdução de seus vídeos ou no final deles.

3. Descreva três ações que você poderia realizar todos os dias que o aproximam da sua missão. Se a sua missão é "eu ajudo as pessoas a respirar melhor", que ações eu poderia realizar para fazer isso com mais excelência? Poderia publicar vídeos educativos sobre a respiração? Poderia escrever artigos com dicas práticas para melhorar a respiração?

Ação 1	
Ação 2	
Ação 3	

Agora você, além do *slogan* construído, já pode agir em direção ao seu propósito e a sua missão!

O ACELERADOR MÉDICO

IV

DESCUBRA-SE E DESCUBRA DO QUE É CAPAZ

"O dia que você acreditar ter atingido todo o seu potencial é o dia que não aconteceu. Porque você ainda tem o 'HOJE'."
Nick Vujicic
Palestrante e escritor

IV

Temos visto o surgimento de um número cada vez maior de plataformas de mídias sociais. Nessa onda de novos canais de comunicação, a cada dia apresentando formatos diferenciados para públicos segmentados, o profissional que deseja expor o seu trabalho precisa estar atento e até disposto a fazer certas experiências para observar com cautela qual modalidade pode atender às suas necessidades com relação ao *Marketing* de sua carreira.

Em meio ao surgimento de tantas plataformas, quase que simultaneamente, como o profissional pode não se sentir perdido sobre qual seria o melhor canal para se investir?

Bem, nesse momento, o acompanhamento por alguém que conhece a fundo não apenas os anseios do profissional médico, mas também as melhores estratégias de *Marketing* da atualidade para alcançá-los e inclusive já logrou resultados com tais métodos, é o melhor caminho. Assim, fica bem mais fácil a orientação sobre qual vai ser a melhor ferramenta, qual vai ser a melhor rede social para focar seu investimento de tempo, energia e dinheiro.

Exemplo disso é o meu próprio trabalho. Eu não apenas tenho clientes médicos nos meus treinamentos sobre *Marketing* e posicionamento de carreira, como também sou médico. Se eu não atuasse na área da Medicina, seria um tanto desafiador atender às necessidades dos meus clientes com tanta eficiência, justamente porque eu não estaria vivendo a mesma realidade e cotidiano profissional, enfim, não conseguiria me conectar tanto com essas pessoas e seu contexto, seus desafios e realidade cotidiana.

Como eu também tenho a Medicina como profissão, vivenciei os mesmos desafios e interesses dos colegas, e posso orientar as estratégias de *Marketing* do meu cliente médico, já considerando questões comuns a essa profissão, como uma agenda costumeiramente cheia, muitas responsabilidades e que o pouco tempo que lhe resta geralmente é usado para aprimorar seus conhecimentos e se relacionar. Já conhecendo bem o meu cliente, quando surge uma nova plataforma de rede social, não preciso fazer um estudo aprofundado sobre ela. Simplesmente cabe a mim fazer uma experiência com essa rede, entender como ela funciona, qual é o seu público de maior alcance, o perfil de seus usuários, para então ver se seria vantajoso que o meu cliente se insira nessa plataforma e como poderia fazer isso.

Vale lembrar que tudo isso são testes, porque às vezes existe o lado oculto, o ponto cego do contexto, e às vezes a minha experiência não é a mesma do meu cliente, mesmo eu o conhecendo muito bem. Por quê?

A experiência está relacionada à forma como percebemos as coisas, não como elas são de fato. E a forma como percebemos as ferramentas, o mundo, as pessoas, tem a ver com o nosso conjunto de crenças, a nossa criação, os nossos traumas, as nossas vitórias, os desafios que já passamos, o que ganhamos, o que perdemos... e, aí, nunca conseguiremos de verdade responder pelo cliente, nós conseguimos apenas imaginar e testar. E, no meu ponto de vista, baseado em minha experiência médica e na área de *Marketing*, mídias digitais sempre requerem testes, porém, até para testar o ideal é necessário que se conheça o funcionamento dessas redes e a motivação por trás delas.

Vamos neste capítulo fazer um voo panorâmico pelos tais.

PLATAFORMAS DIGITAIS = OPORTUNIDADES

Uma das características mais fortes do ser humano é a necessidade de andar em sociedade. Essa busca é como um mecanismo de sobrevivência, e não apenas entre os humanos, mas entre todos os seres que vivem em comunidade. Quanto maior o grupo, agindo e interagindo em coletividade, maior a sensação de proteção.

Quando um búfalo está no meio da manada, por exemplo, ele não tem tanto medo do leão, pois no grupo ele se sente mais protegido e assim acaba vencendo seu predador, diferentemente no caso dele estar sozinho ou em menor número, quando ele se sente mais vulnerável perde coragem.

Dessa forma, percebemos que nem sempre o que define um vitorioso ou vitoriosa na luta pela sobrevivência é a força tão somente. Tudo depende da situação. Existe um contexto, questões transversais, além da força individual, que podem chegar a definir resultados.

Da mesma forma, o ser humano tem essa necessidade de andar em grupo, de viver em sociedade, de se relacionar. Prova disso é que a criança tem um avanço significativo de desenvolvimento quando passa a ir para a creche ou escola. Vejo muitas pessoas afirmando que as plataformas digitais "só afastam as pessoas", porém eu afirmo que essa é uma afirmação radical e reducionista. Essas plataformas também facilitam a socialização e acabam distanciando quem está próximo e aproximando quem está longe.

Se formos analisar, a maioria das pessoas está longe, e não próxima a nós. Então, se colocarmos na balança, as plataformas mais aproximam do que distanciam, quando consideramos esse efeito.

Uma vez que nos sentimos mais próximos de milhares ou até milhões de pessoas, conseguimos desenvolver habilidades em níveis talvez nunca antes pensados, como ocorre com a própria comunicação.

Há pessoas que passam a vida inteira com bloqueios de comunicação e, muitas vezes, só têm oportunidade de vencer isso no ambiente familiar ou na escola. Mas como as experiências são variadas e tanto sua criação familiar como o ambiente escolar possuem regras e costumes impostos, em vez de um processo natural, o indivíduo pode seguir um tanto "travado" em suas dificuldades de comunicação nesses ambientes.

Porém, quando essas mesmas pessoas entram para as redes sociais, encontram outros usuários ganhando dinheiro, aproveitando oportunidades, ganhando seguidores, ganhando voz, ganhando vez, e isso naturalmente massageia o ego humano e abre o olhar para novas percepções, se tornando assim uma boa forma de estímulo para desenvolver novas habilidades, em espaço de maior liberdade.

Nunca se viu tantos adolescentes se comunicando, seja em forma de música, seja em forma de dança, seja em forma de *selfies*, de áudio ou vídeo. Temos visto garotas e garotos de apenas 12 anos que, se não fossem as redes sociais, talvez não se comunicassem tanto quanto se estivessem apenas em seus ambientes sociais físicos – familiares, escolares, entre outros.

Muitas vezes, esses adolescentes têm certo medo da figura dos pais, têm medo de errar – o que é natural em quem se sente inferior hierarquicamente – ou são tímidos. Mas a rede social traz a chance dessas e tantas outras pessoas de serem mais habilidosas em competências necessárias para se dar bem em qualquer profissão, como a comunicação, a criatividade e a inteligência emocional.

As plataformas fomentam a interatividade, por isso a necessidade de fazer o outro se sentir bem, seja pelo riso, seja por compartilhar um assunto interessante, de exercitar a empatia com o outro. Todas essas habilidades interativas se desenvolvem mais naturalmente nas redes sociais. Isso possibilita crescimento profissional, porque a construção de negócios e vendas andam de mãos dadas com a comunicação e a habilidade de se conectar.

As redes sociais são uma escola que, justamente por considerar os perigos de seu ambiente, criou regulamentos para proteção enquanto proporciona um espaço no qual as pessoas podem descobrir e desenvolver suas aptidões.

No caso do médico, ele entra para as redes sociais, muitas vezes com um objetivo específico de divulgar o seu trabalho, e assim como tantos outros usuários, se torna alguém que também aprimora suas habilidades comunicativas. Entre os meus alunos, por exemplo, muitos já desenvolveram de maneira notável sua capacidade de se comunicar com maestria. Apesar da inteligência extrema, muitos têm algum tipo de bloqueio quando se trata de falar para um grupo de pessoas leigas.

É aí que a rede social oferece essa oportunidade ao profissional de saúde de mostrar o "algo a mais", um fator diferencial que venha a repercutir e resultar no aumento de consultas marcadas em seus consultórios ou novas oportunidades nas faculdades onde lecionam. Outros resultados possíveis dessa exposição podem surgir em forma de oportunidades de ministrar palestras, de se tornar um mentor, consultor ou até mesmo lançar e ministrar cursos *on-line*, processo esse que observo acontecer de forma natural com meus alunos médicos, à medida que se desenvolvem no mundo digital.

De fato, o mundo virtual abre as portas para construirmos negócios e criar nossa própria maneira de levar a mensagem que queremos com um alcance maior. Os benefícios dessas plataformas digitais vão desde o aprimoramento de competências pessoais – desenvolve a área de comunicação e a capacidade de estar atento às necessidades dos outros – até o alcance de bons resultados profissionais, o que envolve obviamente o lucro financeiro, mas, além disso, a liberdade de "morar" onde quiser, de trabalhar com mais liberdade e amplitude, através dos seus infoprodutos e grupos de mentoria.

REDES SOCIAIS E SUAS ROUPAGENS

Enquanto para muitos as redes sociais significam plataformas geradoras de grandes oportunidades, para outras pessoas elas são meramente uma plataforma para se relacionar ou até mesmo um passatempo. Fato é que, em qualquer um desses casos, essas redes estão sempre interessadas em apenas um elemento principal: a nossa atenção. Por isso, elas farão o possível para que as acessemos durante o maior período de tempo no dia.

Assim como um ator se caracteriza com diferentes roupas e maquiagens para se destacar em cada papel e cada contexto em que atua, as plataformas também mudam suas roupagens para terem uma aparência e uma dinâmica mais atrativa para cada público. É o que vimos acontecer tempos atrás com plataformas como Facebook e Instagram.

O Facebook é um "ladrão" de atenção – não no sentido pernóstico, mas no sentido metafórico do termo – que vai trocando de roupa à medida que percebe mudanças no público que consome as redes sociais. Então, enquanto imaginamos que o Facebook já não nos atende mais tão bem e optamos por usar mais o Instagram ou até mesmo se preferimos ficar apenas no WhatsApp, na verdade, continuamos na mesma rede social, porém com outra roupagem. Afinal, as três plataformas são da mesma empresa e todas as informações de seus usuários são sincronizadas no sistema da plataforma do grupo.

Essa aparente "migração" de uma rede para outra – que muitas vezes é apenas uma mudança de roupagem – é uma estratégia das grandes plataformas para potencializar o crescimento de sua rede. Será eternamente o Facebook? Provavelmente não, porque à medida que uma plataforma cresce, será cada vez mais necessário dividir sua atenção, não só pensando em crescer, mas também em se manter. Afinal, quanto maior você se torna, precisa dedicar mais energia para se manter, e isso vai tirando a energia do pensar em crescer.

Enquanto isso, em algum lugar deste planeta, alguém só está pensando em crescer e, então, surge uma grande ideia que se torna muito mais viável, factível, de forma muito mais veloz, dinâmica e que pode vencer o Facebook em algum momento, como aconteceu um dia com o Orkut, por exemplo. Isso pode ocorrer porque as empresas podem crescer, mas não conseguem multiplicar os cabeças da empresa na mesma velocidade que multiplicam os colaboradores. Se é dos cabeças que surgem as ideias de crescimento, de inovação e criatividade, então, em algum momento, podem surgir pessoas que venham a ameaçar isso, pensar mais na segurança da estabilidade do que no risco que envolve a inovação.

Olhando para a ação do médico nesse contexto, surge a questão: como esse profissional da saúde poderia se adaptar a uma possível transição que venha a ocorrer em seu universo de trabalho ou no surgimento de uma nova rede social?

90 | MANUAL DO MARKETING MÉDICO

Em primeiro lugar, ele tem que estar atento às mudanças sociais, às mudanças de interesse da sociedade. Digo isso porque o ser humano tem tendência a enxergar com mais facilidade aquilo que está plantado em sua mente. É o que acontece quando você quer comprar um determinado modelo de carro. Certamente, você o verá com muita frequência nas ruas e estacionamentos. Da mesma forma, o profissional só saberá responder à sociedade de forma eficiente se buscar saber quais são as necessidades dela e inserir essa realidade em seu cotidiano.

A partir dessa inclusão, o médico passa a se questionar: "O que poderia acontecer? O que poderia surgir? O que deveria ter? O que está faltando? Qual é a lacuna que existe aqui?". Então, com base nas necessidades sociais – identificadas e não identificadas pela própria população – e nas dores sociais, o médico poderá encontrar ou até mesmo desenvolver a solução para isso.

Agora, se o médico estiver com a mente engessada, acreditando que as pessoas vão continuar a ter eternamente os mesmos problemas, as mesmas necessidades, não estiver sensível àquilo que surgiu como sendo um novo campo de atuação, perderá oportunidades. O profissional médico precisa saber lidar com essa transição, periodicamente se perguntando:

— Será que meu paciente está precisando de algo mais? Será que ele poderia ser beneficiado de alguma outra forma?

Exemplo disso é que, atualmente, muitas pessoas têm visto seus níveis de ansiedade se agravar devido ao uso excessivo das redes sociais – problema que não existia antes. Se o entendimento do profissional de saúde estiver limitado, se ele estiver insensível às mudanças, irá pensar que "ansiedade é tudo igual, não importa se ocorre em razão de questões familiares ou tecnologia". Dessa forma, ele vai chegar sempre tarde aos lugares, e quem chega tarde aos lugares paga mais caro, pega as piores cadeiras, não consegue ter as melhores experiências. É como chegar a um restaurante *self-service* horas depois da comida ter sido feita e servida. Não é a mesma coisa de chegar com antecedência e saborear uma refeição feita na hora.

Pessoas que se antecipam e chegam cedo aos locais das oportunidades se beneficiam porque acabam até ajudando a moldar a atmosfera do local. Já aquelas que chegam atrasadas acabam sendo obrigadas a se adaptar ao sistema que já foi moldado. Por isso, o colega médico precisa entender que, a cada dia que passa, a sociedade tem novas necessidades, e é preciso enxergar essas necessidades, talvez antes mesmo que elas sejam externadas pelas pessoas, para que, no momento em que elas forem reveladas, a solução, o "remédio", já esteja em vista.

É justamente essa antecipação que pode levar o profissional a ter relevância nas novas ferramentas que surgem no mercado, nas novas soluções, e isso, inevitavelmente, faz com que ele tenha as melhores experiências, os melhores resultados e, quem sabe, até inclua montar novos negócios no mundo digital.

Atualmente, eu vejo muitos profissionais de saúde que se anteciparam e apostaram em novas ferramentas de vídeos curtos das redes sociais, por exemplo, ainda quando eram desconhecidas, e começaram a gravar bastante para essas plataformas. Hoje, alguns deles estão milionários, seja por parcerias fechadas em razão da grande influência que alcançaram nas redes, seja em razão da valorização da sua marca, que leva a uma maior margem de lucro. Isso se explica não meramente por "sorte" ou porque esses usuários já eram mestres da comunicação. Eles simplesmente tiveram a iniciativa, se anteciparam, buscaram aprender primeiro e ajudaram a moldar o estilo da plataforma. Inevitavelmente, quem chegou depois acabou já começando essa corrida atrasado.

Visto isso, precisamos entender que, enquanto o mundo passa por mudanças cada vez mais rápidas e mais bruscas, nós temos que estar sensíveis, preparados, flexíveis para abraçar essas mudanças. Para que, quando as transformações chegarem, quando as novas redes sociais chegarem, não possamos subestimá-las, descartando-as imediatamente, sem antes entender o que realmente elas têm a oferecer e qual é o potencial de cada uma delas. Mesmo que não saibamos inicialmente como essas redes sociais serão úteis para nós especificamente, precisamos visualizar uma possibilidade de que essa novidade venha a nos ajudar em algum momento.

Quem se adapta primeiro às mudanças sempre ganha mais atenção e mais relevância.

Fato é que devemos estar sensíveis e atentos às mudanças sociais e comportamentais, às necessidades e aos interesses da sociedade, porque são justamente essas alterações que acabam gerando as mudanças nas plataformas digitais. Ter esse olhar mais atento é de grande importância, porque quando surgir a solução para atender às necessidades das pessoas, será tarde demais para entender essas mudanças, simplesmente porque já é o momento de atender à própria demanda.

Ao final das contas, dinheiro, lucro e crescimento real e duradouro são em decorrência de saber como suprir as necessidades das pessoas. Se você encontrou a solução e tratou de conhecê-la antes dos demais, já inicia a corrida mais cedo e conquista mais atenção, respeito, credibilidade, negócios, oportunidades e assim por diante.

DESTAQUE SEU DIFERENCIAL

É bem provável que, se você nasceu no fim das décadas de 1980 ou 1990, ainda tenha visto as emissoras de televisão, o rádio e as placas de *outdoor* sendo plataformas bem concorridas para profissionais e empresas anunciarem seus serviços. Poucos segundos no horário nobre de uma emissora famosa era algo praticamente impensável para muitos negócios.

Porém, atualmente, as formas de anunciar e divulgar passaram por mudanças drásticas, de forma que um anúncio na TV ou no rádio já não seja algo tão necessário assim. Afinal, com o advento das plataformas digitais, há determinados públicos que nem mais consomem as programações desses veículos de comunicação. Muitas pessoas acabaram abandonando quase que definitivamente a televisão aberta – e até mesmo por assinatura – para focar nas plataformas de vídeo *on-line*; muitas outras acabaram deixando de escutar rádio para se focar nas plataformas de áudio por *streaming*.

Diante disso, as plataformas de redes sociais, bem como as de vídeo e áudio, passaram a se tornar muito bem cotadas para quem deseja anunciar os seus serviços e alcançar um grande público. Afinal, são locais bem acessados e que não cobram valores exorbitantes para a exposição de anúncios, além de muitas delas ainda permitirem uma boa interatividade com quem se interessar pelo serviço anunciado. Sem dúvida alguma, esse novo tipo de anúncio, que vem acompanhado de uma maior acessibilidade do público ao anunciante, além do preço consideravelmente mais baixo que o da TV, se tornou um grande atrativo para qualquer tipo de profissional.

Mas no caso do médico, especificamente, como ele deve agir, como deve se posicionar diante dessa migração de plataformas, antes não tão acessíveis, para as digitais, que apresentam muito mais possibilidades?

Bem, ao mesmo tempo que o acesso à informação atualmente está bem mais democrático, o mercado também está muito mais concorrido, com maior número de profissionais que, por terem esse fácil acesso à informação, acabam tendo mais facilidade de se preparar e de adquirir conhecimento.

Isso revela uma necessidade maior de o profissional buscar outras formas de construir o seu diferencial além da formação acadêmica, porque, até pouco tempo atrás, essa diferenciação estava apenas associada ao tempo de estudo que o médico tinha, à sua formação acadêmica. Se ele fez uma pós-graduação, um doutorado, um mestrado, isso já era o bastante para diferenciá-lo, mas hoje já não é mais assim, porque além de ser mais fácil encontrar outros profissionais com a mesma formação, a população tem adotado outros critérios como mais relevantes para se enxergar diferenciação, como a disposição em compartilhar o seu conhecimento através dos canais digitais. Sim, educar e informar as pessoas têm se mostrado métodos de diferenciação mais eficazes do que galgar e anunciar um currículo invejável.

Essa diferenciação não depende só de habilidades e o conhecimento que o profissional adquire e desenvolve, mas também está relacionada à quantidade de pessoas e à forma como elas tomam conhecimento disso.

O profissional agora precisa compreender que, além da formação técnica ser importante, se ele quiser se diferenciar ainda mais, se tornar único, ele tem que procurar formas diferentes de se comunicar com as pessoas e de mostrar o que ele sabe e o que ele faz.

Se um otorrinolaringologista é especializado em Medicina do Sono e descobre que há, em sua região, outro médico com a mesma formação e especialização que a sua, qual será o diferencial entre os dois?

Certamente já não será a formação, não será a instituição em que se formaram, não serão somente os resultados que conseguem proporcionar, mas sobretudo a forma como cada um se comunica e interage com o público.

Se o médico estiver sensível às mudanças sociais que estão acontecendo a cada momento, vai encontrar um caminho mais sólido para expor o seu diferencial.

Eu dou várias orientações, seja através de anúncios, seja através das plataformas do YouTube, do Twitter, além do Instagram, do Facebook. Por isso, eu tenho que dominar esses vários canais de comunicação. Para fechar este tópico, vou fazer mais uma ilustração sobre a importância dos diferenciais que devem ser estabelecidos e destacados pelo profissional.

Suponhamos que dois circos tenham chegado à sua cidade. Ambos têm diversas atrações, como palhaços bem engraçados, malabaristas e uma sequência de apresentações realmente muito agradáveis em seu roteiro, além de uma boa estrutura e um preço semelhante no ingresso.

Um desses circos decide anunciar sua chegada à cidade com um carro de som, passando pelas ruas, em frente aos prédios e casas dos bairros. Já o outro, além de contratar o carro de som, organizou seus palhaços para também passarem em frente às portas das casas, deixando panfletos e até fazendo uma gracinha, para que assim os moradores tivessem uma primeira experiência com o espetáculo.

MANUAL DO MARKETING MÉDICO

Qual desses dois circos você acredita que será mais atrativo para o "respeitável público"? Provavelmente o segundo, não acha? E isso vai acontecer justamente porque ele se preocupou em interagir mais com a população e, de alguma forma, mostrar um pouco mais de seu conteúdo.

Da mesma forma ocorre com as redes sociais. Atualmente, as pessoas já querem – e conseguem – ter uma primeira experiência, uma interação com o profissional em seus celulares, *tablets* e *notebooks* quando encontram seus *posts* nas plataformas digitais. Isso é favorável para ambas as partes.

Se o médico causa uma primeira impressão positiva, isso é ótimo. Posteriormente, o usuário das redes vê outra publicação desse profissional, causando também uma sensação agradável, com boas informações, boas imagens, isso aumenta a identificação e fica registrado na memória do internauta, de forma que, ao precisar de uma opinião segura sobre o assunto, já sabe a quem procurar.

Então, se o médico é visto primeiramente no YouTube, depois pelo Instagram, depois pelo Facebook, depois pelo TikTok, vai ser sempre lembrado pelo público. Obviamente que, quanto melhores as publicações desse profissional, mais positivas serão as experiências das pessoas que recebem seu conteúdo e mais diferenciais ele construirá no mercado.

Da mesma forma que um daqueles circos pode aumentar o valor de seus ingressos após mostrar seus diferenciais, um médico pode começar a aumentar o valor de suas consultas e serviços após o público entender e validar que ele tem não apenas conhecimento e competência, mas aplica isso tudo de uma forma muito agradável, ele agregou valor ao seu serviço.

Por isso, os meios digitais, os anúncios diferenciados, as propagandas bem trabalhadas, impactam de uma forma muito mais direta as pessoas, pois o profissional acaba se posicionando a um palmo de distância de seu cliente – devido ao uso dos dispositivos eletrônicos – e tem infinitamente maiores chances de causar diferenciação.

ENTREGANDO O OURO?

Diante dessa ideia de o médico permitir ao seu público uma primeira experiência com ele pelas plataformas digitais, talvez você esteja se perguntando sobre possíveis perigos de "entregar o ouro", de exposição nas redes, de acabar revelando como conseguiu seu diferencial e assim indicar o caminho à concorrência.

Bem, de fato, é importante tomar certos cuidados, mas também é válido que o profissional tenha segurança sobre sua própria competência e que os diferenciais devem estar a todo momento na busca do bom médico.

Fato é que, com o tempo, o profissional vai amadurecendo nessa área, criando bom senso, chegando ao equilíbrio, tendo uma percepção melhor quanto ao que deve e ao que não deve expor. As pessoas não são exatamente iguais em suas reações e em suas necessidades. É bem verdade que não existe vídeo longo, mas sim vídeo chato. Se a apresentação inicial do profissional é boa e dinâmica, muitos dos que estão consumindo aquele conteúdo certamente buscarão logo saber mais sobre aquilo. Já outros ficarão satisfeitos com aquele vídeo inicial e podem demorar um pouco mais para o seguir ou só o farão quando realmente sentirem necessidade de obter tais informações.

Então, esse impacto inicial é variado de pessoa para pessoa, e o médico só vai ter a percepção do que é bom lançar nas plataformas à medida que vai publicando e recebendo os retornos do público.

É preciso aceitar que somos como atletas, certas coisas só aprendemos em meio à competição.

Um jogador de futebol sabe que há jogos contra certos times em que vale a pena tentar vários chutes a gol, porque após estudar as jogadas da equipe adversária, percebeu que a defesa – goleiro e zagueiros – desse time não é tão boa. Sendo assim, quanto mais tentativas fizer, mais chances ele tem de acertar.

Porém a experiência em campo vai lhe mostrar que não adianta dar qualquer chute ao vento, o profissional perceberá quais jogadas precisam ser preparadas para aumentar ainda mais as chances de furar a defesa e acertar o gol. Essa segurança só vem com o tempo.

Há certos pacientes seguidores com os quais vale a pena o médico compartilhar um pouco mais de seu conhecimento, porque eles de fato estão demonstrando uma inclinação, uma tendência a pagar por um atendimento. Porém há também a necessidade de o profissional de saúde perceber o momento em que ele diz:

— Infelizmente, eu não consigo ajudar você mais do que isso por aqui, eu precisaria examiná-lo, recebê-lo em uma consulta presencial.

Bem, após o médico compartilhar mais conhecimento do que comumente expõe nas redes, isso aumenta as chances desse seguidor ir ao consultório. Além disso, há casos em que as pessoas estão tão decepcionadas com respostas muito "rasas" que receberam nas plataformas que, quando encontram um profissional de saúde que entrega um pouco mais de informação e se mostra um pouco mais disponível, criam uma admiração muito maior por esse médico.

— Mas eu tenho medo de compartilhar demais o meu conhecimento e fazer com que essa pessoa pense que não é mais necessário ir ao meu consultório – você pode estar pensando.

É como aquela ideia do artista de circo que chegou à sua cidade e faz um pequeno "*show*" nas portas das pessoas. Esses moradores não deixarão de ir ao circo só porque viram uma apresentação nas portas de suas casas; e esses artistas só fazem uma breve apresentação, justamente porque o *show* inteiro tomaria muito tempo das pessoas. Então, essa primeira experiência com o espetáculo se torna um atrativo a mais.

Da mesma forma ocorre com você, médico. Se todo o seu conhecimento for passado em apenas um atendimento, provavelmente essa sessão poderá demorar horas. Entendo que haja essa preocupação, mas o risco de que algo assim aconteça é realmente pequeno.

A verdade é que cada situação é única. Creio que ler este livro no qual exponho parte do meu conhecimento esteja sendo uma boa experiência para você. Porém se você comparecer a uma palestra comigo, a experiência terá diferenças notáveis, bem como um curso *on-line* e mentoria também trarão muito mais impacto para você – por mais que em cada um desses contextos venhamos a abordar o mesmo tema, a profundidade e a amplitude das abordagens diferem.

O importante é perceber se a pessoa está dando sinais de que a entrega é importante, e nesse caso, continue entregando. Se a pessoa está dando sinais de que aquele momento não é a melhor oportunidade para você entregar tudo, então dê um passo para trás e deixe para entregar mais conhecimento em outra oportunidade. Mas só a experiência *in loco* ensina sobre as fronteiras e o ritmo da entrega.

PARA CADA PLATAFORMA, UM INVESTIMENTO

Há certas plataformas digitais em que seus usuários estão bem focados na "viralização" de suas publicações, mas já em outras, nem tanto. Enquanto algumas dessas redes são bastante intensas e acabam mudando a roupagem à medida que as mudanças sociais ocorrem, outras são mais constantes, visando um pouco mais de estabilidade.

Diante disso, como o profissional de saúde saberá em quais redes ele precisa investir mais? O que vale mais a pena: viralizar em uma plataforma mais intensa ou ter um perfil mais permanente em uma plataforma mais perene?

Bem, penso que o profissional tem que pensar menos nos seus interesses para poder pensar mais nos das pessoas, na média da população. Muitos médicos podem pensar:

— Não importa se eu tenho muitos seguidores, quero ter esse espaço sobretudo para expor meu conhecimento e ajudar as pessoas.

Bem, talvez esse seja um conceito estabelecido pelo médico para não parecer um "megalomaníaco das redes", porém esse posicionamento um tanto extremo de simplesmente "não se importar com o número de seguidores" pode se tornar um autoboicote ao seu crescimento profissional – principalmente se for um médico ainda jovem – porque quanto mais seguidores ele conseguir, maiores possibilidades ele tem de aumentar a procura ao seu consultório. Se viralizar for importante para ele ganhar autoridade perante as pessoas, para ser respeitado, para ser admirado, ele deve sim se importar com o que é preciso fazer para alcançar essa projeção.

Porém, em outros casos, o médico já chegou a um patamar, no YouTube, com centenas de milhares de assinantes em seu canal, e para o seu público-alvo isso já é o suficiente para trazer autoridade a esse profissional. Nesse caso, mais do que ganhar novos seguidores, sua preocupação maior deva ser, talvez, manter esses assinantes que ele já possui em seu canal, pois esse público se tornou o seu grande divulgador. Por isso, o médico vai honrar essa confiança que esses assinantes têm depositado nele, vai se comunicar cada vez mais com eles. Nesse momento, a preocupação não deve ser mais tanto a produção de conteúdo que venha a "viralizar".

Creio que um médico não precise ter, por exemplo, um perfil do Pinterest tão caprichado, com muitas pessoas seguindo, pois o seu trabalho não se baseia tanto em imagens gráficas, que são a proposta dessa plataforma, nem o seu público-alvo costuma estar ali principalmente.

Quem vai dizer qual plataforma merece mais investimento do médico – se ele precisa ou não criar vídeos ou textos "virais", como deve se posicionar com uma rede mais perene e com uma rede mais intensa – é o comportamento de seu público-alvo, de outros profissionais ligados a ele e do mercado no qual ele está inserido.

DICIONÁRIO

LEAD

Por falar sobre a importância do público-alvo e seu poder de influenciar o modo como o médico se posicionará nas plataformas digitais, há um elemento que o profissional de saúde precisa ter conhecimento, pois irá ajudá-lo significativamente em suas estratégias de *Marketing* digital.

Esse elemento é o *lead*, nomenclatura dada ao seu potencial cliente. A partir do momento em que uma pessoa prestou atenção em algum material produzido por esse médico, se tornou um potencial cliente. Algumas pessoas só consideram o *lead* quando ocorre um retorno via e-mail ou mensagem de WhatsApp, mas isso não é regra.

A definição real é que se alguém visualizou ou interagiu com o material publicado ou enviado – curtiu, comentou ou salvou – já é um potencial cliente. Isso é fato, porque as redes sociais contam que esse usuário parou para receber aquele conteúdo e ele já entrou no grupo de pessoas que serão atingidos por um *remarketing*, que é o envio de uma "continuação" da mensagem anteriormente visualizada. Isso ocorre quando a pessoa se torna um *lead*.

EU FAÇO!

É importante o médico entender e conhecer o seu público-alvo, e para conseguir isso há duas maneiras principais: uma delas é fazer pesquisas e analisar números e estatísticas por meio dos dados encontrados.

Outra maneira é entender o sentimento das pessoas à luz de conexões individuais, como uma conversa na caixa de mensagens privadas do Instagram (*Direct*), uma conversa particular no WhatsApp ou alguma outra forma de interação mais personalizada. Esse segundo caminho para conhecer o público-alvo é uma ação que não deve ser delegada pelo médico, pois delegar essa função passa uma imagem de inacessibilidade entre paciente e profissional de saúde. Por isso, o ideal é que apenas o médico faça uso dessa estratégia.

EU DELEGO...

Já o que pode – e até deve – ser delegado são as funções de *social media*.

Atualmente, *social media* se tornou uma profissão. Esse profissional atuante nas plataformas digitais ficará encarregado de postar, programar as postagens, organizar a paleta de cores do Instagram desse médico e também de outras plataformas, como YouTube, cuidando dessas questões mais técnicas.

Então, o médico precisa estar apropriado de seu conteúdo, mas pode – e deve – delegar a organização desse conteúdo, a identidade visual nas redes, para um profissional especializado.

É como se o médico fizesse o bolo, mas quem coloca na caixinha, coloca o laço e programa os horários de entrega é o *social media*.

DR. JOSÉ NETTO

Em menos de um ano que comecei a criar e ministrar cursos *on-line*, meu faturamento já superou os resultados na minha vida profissional. O que eu consigo construir de impacto, de audiência, de patrimônio, superou em menos de um ano o que eu havia construído nos últimos dez anos anteriores.

E, agora, tenho a oportunidade de proporcionar crescimento semelhante também aos meus alunos. Exemplo disso é um desses meus alunos, que me procurou para impulsionar os atendimentos em seu consultório e esse objetivo foi alcançado tão rapidamente que ele decidiu diminuir um pouco a intensidade desse avanço, porque estava tendo dificuldades de atender a uma demanda tão grande.

A partir de então, sua necessidade mudou e ele passou a buscar mais liberdade e flexibilidade em sua agenda. Por isso, passou a investir na venda de cursos *on-line* e na sua carreira como mentor. Em poucos meses, seus cursos e mentorias superaram rapidamente os ganhos de tudo o que ele havia construído nos anos anteriores.

Isso mostra o quanto é importante nos adaptarmos ao mundo digital e suas ferramentas, porque isso pode abrir portas que nem imaginamos. Apenas precisamos dar o primeiro passo e buscar a ajuda das pessoas que já conseguiram chegar lá.

Hoje, por eu já ter conseguido resultados tão satisfatórios – consegui praticamente em todos os meses –, me sinto cada vez mais preparado para ajudar outros médicos a também construírem seus impérios no mundo digital.

PRESCRIÇÃO

Descubra qual a chance de você se dar muito bem ao elaborar um curso *on-line*. Para isso, sugiro que você preencha o quadro abaixo, que irá ajudá-lo nesse planejamento.

Em um dos campos, você irá listar duas áreas da Medicina nas quais você tem grande habilidade – mesmo que você ainda não tenha se especializado nela. No outro campo, você irá listar as duas maiores demandas que chegam para você.

Áreas em que tenho habilidade	Maiores demandas que chegam até mim (pessoas perguntam)

Listadas essas habilidades e demandas, você poderá encontrar o ponto de convergência entre essa sua área que o atrai muito na Medicina e as demandas que você recebe, respondendo à pergunta:

Como posso usar essas minhas habilidades específicas para atender a essas demandas que chegam até mim? (se essa solução incluir um curso de

especialização nessa área de sua habilidade, isso também pode ser incluído na sua resposta)

_____

_____

_____

_____

_____

_____

Parabéns! Agora os próximos passos são os mais fáceis! Só dependem de você.

V

ACELERAR É SAIR DA ZONA DE CONFORTO

"Todo progresso acontece fora da zona de conforto."
Michael John Bobak
Artista contemporâneo americano

V

Ultimamente, alguns dos canais mais eficientes para um profissional expor e divulgar o seu trabalho têm sido as plataformas digitais. Com a pandemia da Covid-19 em 2020 – que acabou levando países de todo o mundo a adotar medidas restritivas, exigindo que a população adaptasse seus trabalhos para o digital –, esse fato se tornou ainda mais evidente. Prova disso é que a procura por cursos e palestras *on-line* cresceu de maneira notável e o mercado acabou se adaptando para atender a essa demanda.

Como tenho dito ao longo deste livro, o médico tem como função primordial cuidar de pessoas e, historicamente, ele sempre se posicionou como sendo alguém que passa credibilidade e segurança para a pessoa que está buscando uma solução, um tratamento para algum problema de sua saúde ou prevenção. Em muitos casos, é como se essa pessoa estivesse sendo levada pela forte correnteza de um rio e encontrasse uma coluna segura, bem fundada, onde ela pode se agarrar e não ser levada pelas águas.

Fato é que atualmente, com a variedade cada vez maior de médicos disponíveis – até mesmo porque a tecnologia tem possibilitado o contato entre profissional e paciente das mais diversas formas –, essas "colunas" no meio da correnteza se multiplicaram e as pessoas agora têm muito mais opções para ver em qual dessas estruturas elas ficariam mais bem colocadas. Agora, o foco não é mais apenas a sobrevivência, mas sim o conforto, a identificação, a conexão, a conveniência, o acesso entre médico e paciente.

Sabendo desse contexto atual, a coluna não pode mais ficar esperando que a correnteza arraste as pessoas até ela. Em outras palavras, o médico não pode mais esperar apenas que a necessidade de seus pacientes os leve até ele. É preciso que se antecipe, alcance seu paciente, apresente o seu trabalho e se mostre disponível.

Imagine a situação em que a pessoa está se afogando no rio e há vários lugares aonde ela pode ir para se sentir mais segura, como uma árvore plantada à margem ou uma rocha no meio do rio. Porém alguém de cima de uma ponte joga uma boia com uma corda ao lado dessa pessoa. Onde você acha que ela vai se apegar, à árvore que está mais distante ou à boia que está ao seu lado e pode ser puxada por alguém? E suponhamos que, após essa pessoa se apegar à boia, uma equipe de profissionais treinados para resgatar em situações de risco surge com uma lancha? Provavelmente essa pessoa logo deixará a boia para subir na embarcação, porque não apenas se sente mais segura, mas também porque se sente mais confortável. Da mesma forma acontece atualmente com o mercado da Medicina. Se o médico se antecipa, chega ao paciente e oferece mais conforto, credibilidade e segurança, conquista a confiança da pessoa.

Ainda fazendo uso dessa ilustração, há médicos que até dispõem de uma estrutura e conhecimento que os fazem ser como essa lancha, que dá mais segurança e conforto à pessoa que precisa de ajuda. Porém não se antecipam e permanecem longe, como se estivessem apenas ancorados em seu consultório, sem tomar a iniciativa de se aproximar do paciente. Muitas vezes, o paciente acaba ficando apenas com a boia que lhe foi oferecida, porque a lancha está fora de sua visão ou longe demais para ser alcançada.

Atualmente, o médico precisa realmente se levantar de sua cadeira confortável do consultório para encontrar a comunidade, como se fosse um processo de salvar vidas, literalmente. Quem se aproximar do maior número de pessoas, obviamente, vai se tornar sinônimo de segurança, conforto, acesso e, consequentemente, terá mais sucesso em sua carreira. A questão é que não existe hoje forma melhor de agir nesse sentido do que utilizando as redes sociais.

Digo isso porque as vantagens são inúmeras: é mais barato que investir em anúncios na televisão ou em *outdoors*; é fácil, prático e confortável, porque você pode fazer isso de qualquer lugar, basta estar com um celular e acesso à *internet*; e mais, a possibilidade de alcance e engajamento com os usuários dessas redes é gigantesca. O médico pode simplesmente anunciar no seu perfil do Instagram:

— Pessoal, vou fazer uma *live* sobre como se prevenir das doenças que mais matam no mundo atualmente, que são as ligadas ao coração. Vou passar todos os detalhes com base em estudos, sobre o que funciona e o que não funciona.

Como o evento é *on-line* e gratuito e o assunto é muito interessante para muita gente, dependendo, logicamente, do alcance das redes usadas por esse profissional, muitos irão "comparecer" a essa *live* para tirar suas dúvidas sobre o assunto; e se acharem que as informações são relevantes, farão esse material circular, gerando assim ainda mais visualização e movimentação nas redes desse médico.

No final das contas, quem as pessoas irão procurar quando perceberem que estão com algum sintoma de problemas cardíacos? Esse profissional que gerou o conteúdo altamente informativo. Isso ocorre devido a um gatilho mental chamado... reciprocidade.

Quando alguém faz uma gentileza inesperada por nós, temos um forte impulso de retribuir àquela pessoa. Isso é quase uma sensação de que estamos "devendo" àquela pessoa que nos entregou gratuitamente algo tão valioso como a informação, por mais que nem tenhamos uma relação de amizade com ela. Esse conceito é destacado pelo psicólogo e autor americano Robert Cialdini em seu livro As armas da persuasão. Segundo ele, a reciprocidade é mais forte até mesmo que um vínculo de amizade com uma pessoa. Então, o mundo digital hoje nos proporciona o ambiente perfeito para o exercício da reciprocidade.

Vamos imaginar que você está à procura de um cardiologista e, após procurar, avalia as opções que encontrou. Entre esses profissionais, está um que você já viu conteúdo dele compartilhado nas redes sociais, acessou os vídeos ou textos e sentiu muita segurança no conhecimento que ele expôs. Enquanto isso, os outros até têm seus perfis nas redes, mas sem qualquer material em que ele expõe o conhecimento sobre a área de atuação dele, ou até existem conteúdos informativos, mas feitos por uma agência, sem a "cara do médico".

Bem, creio que você irá procurar aquele com quem você se identificou mais e, sem dúvida, isso foi possível porque ele compartilhou seu conteúdo nas plataformas digitais, se conectou com você e mostrou-se autêntico. Afinal, você não vai a um consultório, pagar consulta, correndo o risco de descobrir que aquele médico não terá as respostas que você procura ou até mesmo de não ser bem atendido como você gosta. Você vai àquele que você já tem certeza de que poderá atender à sua necessidade.

Fato é que quando o médico se dispõe a fazer uma palestra gratuita *on-line* ou uma *live* em sua conta do Instagram ou canal do YouTube, acaba "multiplicando" o rendimento daquela uma hora que dedicou àquela transmissão, porque centenas ou até milhares de pessoas estão sendo "atendidas" por ele naquele momento, pois podem colocar suas dúvidas no *chat*, no *direct*, e obter respostas.

Não seria ótimo multiplicar por 100 ou até por 1.000 o resultado de uma hora de trabalho?

Obviamente que não estou falando estritamente sobre o ganho financeiro desse tempo dedicado ao trabalho, mas sim da repercussão que esse momento pode gerar – tanto ao vivo como posteriormente – e das inúmeras oportunidades que isso pode proporcionar, como novos agendamentos de consultas e também convites para palestras pagas em hospitais ou até mesmo universidades, porque depois de publicado, esse conteúdo pode ser compartilhado com uma velocidade impressionante. Quanto mais relevante for o conhecimento exposto, mais essa informação será repassada pelas pessoas que tiverem acesso a ela.

Mas já estamos cientes de que nem todos conseguem facilmente fazer uma *live* ou um vídeo para o YouTube. O que fazer? É o que veremos neste capítulo.

O QUE PODE "TRAVAR" A SUA COMUNICAÇÃO

Para muitas pessoas, a comunicação é algo muito fácil, fluente. Eu, por exemplo, não tenho dificuldades em ligar a câmera do meu celular e gravar um conteúdo para postar nas minhas redes, como também não tenho dificuldade de me aproximar pessoalmente e fazer um primeiro contato com qualquer pessoa.

Porém cada ser humano tem suas peculiaridades, aptidões, talentos naturais e, ainda, seus bloqueios, dentre os quais, um deles pode estar relacionado justamente à comunicação, seja por estar em frente a uma câmera ou por estar ao vivo, sendo visto por duas ou por 200 pessoas ao mesmo tempo. Isso ocorre com muitos profissionais que, apesar de terem muito conhecimento sobre sua área de atuação, enxergam os processos de comunicação que atingem o público como palestras ou redes sociais, como algo doloroso até, dependendo do quão negativa possa ter sido sua experiência com algum elemento desses ambientes anteriormente.

Na minha experiência, se formos pegar uma média, a maioria dos médicos tem dificuldades de se comunicar no meio digital, apesar de muitos deles serem excelentes comunicadores quando ministram cursos, aulas ou palestras nas faculdades de Medicina e Residências Médicas. Eu tenho alunos que são professores em universidades, possuem mestrado, doutorado, mas têm sérias dificuldades e bloqueios para se comunicar nas redes sociais por causas diversas. Alguns têm medo do que os colegas vão pensar de suas publicações, outros têm medo do desconhecido, outros têm medo de estar fazendo algo que seja condenado por alguma sociedade médica, ou até mesmo medo de estar perdendo tempo, dinheiro e energia com algo que, segundo eles, pode não lhes trazer resultados. A maioria deles tem essa dificuldade.

Porém vejo que, uma vez que eles vencem esses bloqueios, é como se abrissem as comportas de uma represa. Os resultados surgem como que a água inundando toda uma região, com resultados impressionantes quando essa chave vira.

Creio que chegamos agora ao ponto mais importante deste livro, porque precisamos reconhecer que de nada vai adiantar você aprender sobre tudo que conversamos até aqui se não colocar essas estratégias em prática, se não agir, se alguma coisa impedi-lo de se posicionar e se comunicar, de fazer o *Marketing* de fato. Por isso, entendo que, se algum bloqueio está impedindo você de partir para a ação, é válido identificarmos o inimigo para depois eliminá-lo.

A PRIMEIRA CAUSA DO BLOQUEIO: FALTA DE CONFIANÇA

Com a minha experiência de orientar médicos em suas ações e estratégias de *Marketing* para suas carreiras, consegui identificar as quatro maiores causas de bloqueios que eles encontram quando tentam caminhar nos cenários digitais, e irei identificá-las a seguir.

A primeira grande causa de bloqueios na comunicação do profissional é a falta de confiança – tanto em si mesmo como no ambiente em que vai atuar, que no caso são as plataformas digitais. Essa desconfiança é gerada e alimentada pela falta de conhecimento. No caso da falta de confiança em si mesmo, isso é gerado pela falta de autoconhecimento, justamente porque é comum termos medo daquilo que não conhecemos. Se você não se conhece, não confiará em si próprio. Esse problema pode ser resolvido quando se investe em autoconhecimento, o que possibilita ter uma ideia muito melhor do seu próprio potencial.

Já com relação ao medo do ambiente, isso é completamente normal e até prudente, de certa forma. Afinal, você não anda tranquilamente por locais que você não conhece.

É como mergulhar em um rio pela primeira vez. Você não sabe se aquelas águas são fundas ou rasas demais, se há pedras ou areia no fundo, se há animais que podem atacar, como cobras ou jacarés. Porém, se você começar se aproximando cuidadosamente das margens e colocando os pés na parte mais rasa do rio, certamente terá mais segurança com o tempo. Se você colocou os pés ali e nada de mau aconteceu, pode se aprofundar mais um pouco.

Por isso é tão importante tomar coragem e dar os primeiros passos. Não se preocupe em fazer uma *live* de 30 minutos ou simplesmente tirar uma foto e postar, pois se esse é o seu início nas redes, você ainda está se conhecendo nesse ambiente.

À medida que você vai adquirindo mais segurança para se aprofundar nessa área, mais vai expor do seu trabalho. É importante evitar que erros sejam cometidos, pois esses erros podem trazer prejuízos ao profissional. Nesse novo momento de avanços, contar com a orientação de um profissional que tenha conhecimento sobre essas plataformas é muito importante. Afinal, você não está mais no raso, mas sim em áreas mais profundas, onde um deslize pode causar danos maiores.

Nesse caso, o acompanhamento de um mentor pode ser muito útil. Ele é aquele tipo de profissional que vai chegar com você à beira desse rio – que você desconhece e tem certo medo – e dirá:

— Tudo bem, eu me criei por aqui. Sei que dá um medo nesse início, mas venha comigo, porque eu sei o caminho mais seguro para você.

É importante se associar a pessoas que têm resultados, em relação ao que você está pretendendo fazer, como, por exemplo, outros médicos estão gravando vídeos para seus respectivos cursos on-line, será uma ótima fonte de incentivo para você também colocar as suas ideias em prática.

Gosto muito de comparar a relação entre o profissional e as redes com a história do personagem Don Juan, pois essa interação é muito semelhante a um namoro ou um processo de conquista.

Don Juan era um homem que ganhava os corações das mulheres, mas sempre de maneira muito sutil. Era um ato de cavalheirismo aqui, outra gentileza ali, um elogio "despretensioso" e, quando a mulher se dava conta, estava completamente apaixonada por ele. Mas por quê? Porque ela se acostumou com a presença dele e se agradava muito dessa companhia.

O que geralmente aconselho aos meus alunos é que aproveitem esse "namoro" com as redes sociais, que se habituem com elas, estejam atentos ao que encontram de legal, gravem isso na memória, usem esses elementos para formar suas próprias referências para produção de seus conteúdos, testem formatos e vão sentindo a reação do público com isso. Sem dúvida, esse período de descobertas pode ser muito agradável, quando visto com leveza pelo profissional.

Bem, vale alertar que dois problemas podem prejudicar esse "namoro", justamente porque afetam o processo do desenvolvimento da sua autoconfiança como profissional e, ainda, da sua confiança na plataforma.

O primeiro inimigo desse relacionamento é o perfeccionismo, aquela mania de querer ser perfeito. Mas como é possível vencer o perfeccionismo? Aprendendo a se divertir com o processo.

Não se preocupe, no momento inicial, em conquistar um alto nível de produção de seus materiais a serem publicados, achando que se assim não for, você não conseguirá pacientes ou ficará queimado no mercado. Divirta-se, seja você mesmo, seja natural, grave o vídeo, fique à vontade, não precisa estar no estúdio, não precisa usar jaleco.

O segundo inimigo dessa relação é o que eu chamo de síndrome do "todo mundo, menos eu". Esse pensamento limitante se caracteriza pelo fato de o profissional afirmar para si mesmo que qualquer pessoa é mais capaz que ele.

— Todo mundo tem facilidade para se comunicar, todo mundo tem desenvoltura, todo mundo está avançando, menos eu – diz a pessoa com esse tipo de crença.

Nesse primeiro momento, olhe somente para você, pare de ficar olhando para os outros e foque no seu autoconhecimento.

A SEGUNDA CAUSA DO BLOQUEIO: A TIMIDEZ

A segunda grande causa de bloqueio que observo em muitos casos do *Marketing* Médico e que impede esses profissionais de se posicionarem no mundo digital é a timidez.

Muitas vezes, essa pode ser até uma característica da personalidade da pessoa, porém, na sua maioria, nada mais é do que a tendência de sempre pensar no pior cenário. Falando de forma prática, no final das contas, o tímido, geralmente, pensa que outros vão rir da cara dele, que vai "pagar mico", ou que vai esquecer tudo na hora de falar ou de apresentar o conteúdo. Então, ele prefere se recolher, se esconder, como uma tartaruga dentro de seu próprio casco.

Mas como é possível vencer a timidez? Bem, se você sofre com a timidez e sempre pensa nos piores cenários – principalmente quando a situação envolve vídeos, tanto ao vivo como gravados –, a dica é: prepare-se para essas situações que lhe causam nervosismo!

Suponhamos que você tenha medo de esquecer tudo na hora de falar o seu conteúdo... prepare uma "cola" com os principais pontos a serem desenvolvidos.

MANUAL DO MARKETING MÉDICO

Talvez o seu nervosismo deixe você com a boca seca e cause tosse, então deixe uma garrafa de água ao seu alcance durante a gravação ou transmissão! Talvez você tenha medo de se prolongar demais e a bateria do seu celular acabar, então faça a *live* com o celular já ligado no carregador. Talvez o nervosismo deixe você transpirando muito, então grave em uma sala com ar-condicionado ou mantenha um lenço ao seu alcance.

Enfim, não posso negar que essas situações existam, mas é possível você se prevenir e se preparar para enfrentar o que vier. Afinal, lembre-se de que a tartaruga pode ser lenta em terra firme, mas na água ela é ágil, então mergulhe com segurança e ouse sair da casca.

Outra forma de vencer a timidez é você celebrar os pequenos avanços. Se antes você tinha vergonha até mesmo de criar um perfil no Instagram, mas agora tomou coragem e abriu a sua conta nessa plataforma, celebre isso! Se a sua dificuldade era em usar os *stories* e você finalmente conseguiu fazer o seu primeiro vídeo de 15 segundos ou até mesmo postou uma foto nesse canal, celebre isso também! Abra um vinho, compre um jantar, se presenteie. O importante é você disciplinar a sua mente a associar esses pequenos avanços a uma coisa prazerosa. Essa é uma técnica que tem um alto poder de incentivo e motivação para seguir avançando e sempre buscando coisas novas.

A TERCEIRA CAUSA DO BLOQUEIO: FALTA DE PROPÓSITO

O terceiro fator que leva as pessoas se sentirem bloqueadas é a falta de propósito. Talvez essa seja a maior razão pela qual muitas pessoas não conseguem chegar muito longe em seus projetos. Muitas vezes, elas até começam, mas não continuam, param no meio do caminho. Então, para você não abandonar o projeto inacabado, é preciso entender o porquê de estar investindo naquela ideia. Falando de forma prática, as pessoas não conseguem ver uma relação clara entre suas atividades no meio digital e os resultados em sua carreira profissional.

Uma maneira que pode ajudá-lo a associar as suas ações no meio digital ao seu propósito, sua missão, é fazer um ritual antes de iniciar qualquer produção de material para as suas redes sociais. Esse ritual vai colocar você no que eu chamo de "estado de *flow*", que é aquele momento em que você está mais empolgado.

Para me sentar e escrever este livro, por exemplo, eu precisei fazer antes o ritual com aquilo que sei que "aquece" a minha mente. Cheguei do consultório muito cansado, mas fui para a academia, tomei um energético, me exercitei e agora estou com as ideias em pleno funcionamento. Por isso, tente encontrar aquilo que lhe dá energia, que acende suas ideias, porque isso vai ajudá-lo a ver com mais clareza a conexão entre suas ações no digital e a sua profissão.

O próprio nome da minha mentoria, que é *"Eagle Mentoring"* (Mentoria de Águias), não foi colocado neste projeto por acaso, mas sim para ser desde o início uma grande motivação para os meus alunos. Mas por que desejei fazer referência às águias? Justamente porque são aves que têm um voo muito certeiro, direcionado. Dificilmente a águia perde um bote, porque sua visão é muito boa e ela é um animal que consegue alinhar quase que perfeitamente a ação (ataque) ao propósito (conseguir alimento).

Outra forma muito eficiente de estabelecer propósitos é se comprometer com o maior número de pessoas sobre o seu projeto. Compartilhe com seu cônjuge, seus alunos, seus parceiros, seus seguidores nas redes sociais, que você vai criar um canal no YouTube, por exemplo. Essa decisão de contar a todas essas pessoas servirá como uma motivação pela pressão. Talvez ninguém venha a cobrar realmente, mas, no final das contas, você ficará pensando:

— Poxa! Mas eu já falei para tanta gente que eu faria o meu canal. Agora não posso mais desistir.

Ao me ver colocando aqui essa orientação, talvez você esteja pensando que isso vai contra muitos conceitos que você ouviu a respeito desse assunto em toda a sua vida. Eu entendo você, porque eu mesmo já ouvi frases como "não compartilhe seus planos com ninguém", já ouvi falar em "olho gordo" e todo tipo de crença limitante que existe por aí. Mas no mundo da alta *performance*, no mundo das pessoas que estão comprometidas em alcançar o sucesso, se alguém roubar a sua ideia, quem foi o culpado? Você mesmo!

Veja bem, se você teve a ideia primeiro, isso significa que está adiantado, a sua ideia vai ficar pronta antes, você já sabe o que fazer. Enquanto outra pessoa pega a sua ideia, ainda vai estudar, elaborar, para depois fazer... e ainda consegue colocar tudo em prática antes de você? Se essa pessoa conseguiu isso, por incrível que pareça, foi porque ela viu mais propósito no seu projeto do que você mesmo. Se você é uma pessoa que procrastina, não conseguirá estar na frente por meritocracia.

É como se, em uma corrida, você tivesse largado com 100 metros de vantagem e ainda assim tenha sido ultrapassado pelo seu adversário. Ele mereceu!

No mundo da alta *performance*, você tem propósitos firmados, acredita de verdade em seus projetos, está realmente apropriado deles, por isso não se preocupa que outras pessoas possam roubar a sua ideia, simplesmente porque está determinado a colocar em prática e sabe que é rápido, veloz e competente.

Quando o concorrente pensar em fazer o mesmo, você já fez e, no final das contas, aquela pessoa receosa de outras pessoas roubarem a ideia dela talvez nem note, mas está dizendo que é fraca, frágil e preguiçosa.

Quando um profissional tem esse perfil limitante, não importa se vai falar ou não de seus projetos com outras pessoas, porque vai sempre ficar para trás – não porque os outros "roubam" suas ideias, mas sim porque ele mesmo se boicota. Quando alerto meus alunos sobre isso, acabo escutando muito:

— Ah, Netto! A questão é que às vezes eu penso que não me sinto totalmente preparado.

Ninguém nunca está totalmente preparado. Avançar sempre envolve assumir certos riscos. Obviamente que um desbravador, ao entrar em uma selva, não vai desarmado, porque isso sim seria uma insanidade. Porém, mesmo quando ele leva suas melhores armas, ainda está assumindo certos riscos.

Nas plataformas digitais, como em qualquer outra área da vida, nunca estamos isentos de correr riscos. Provavelmente, você terá de lidar com algumas frustrações ao longo de sua carreira, porém isso faz parte do jogo.

DICIONÁRIO

> *FLOW*

Como o próprio nome já diz, *"flow"* é o fluxo, que vai ajudar você a fazer com que as coisas aconteçam de uma forma mais rápida, mais fluida. Mas esse fluxo não se refere ao fato de que outras pessoas o influenciem, mas sim que você crie o seu próprio "embalo".

É como aquele piloto de Fórmula 1 que precisa aquecer o carro antes de correr oficialmente ou como aquele jogador de futebol que precisa se aquecer antes da partida. Quando eles fazem isso, estão colocando suas mentes e suas ferramentas de trabalho em seu melhor estado, na sua melhor capacidade.

A QUARTA CAUSA DO BLOQUEIO: REFERÊNCIAS ERRADAS

O quarto fator que leva muitas pessoas a se sentirem bloqueadas nas redes sociais é que elas buscam referências erradas. Suponhamos que um garoto esteja aprendendo a jogar futebol e fique constantemente se comparando a um craque como o Neymar Jr. Se esse garoto tiver o mínimo de noção da realidade, certamente ficará muito frustrado. Obviamente que ele pode sonhar – e até realizar esse sonho – de um dia jogar tão bem como o craque vindo da Vila Belmiro, porém, é importante que seu alvo de comparação não seja alguém tão distante de sua atual realidade.

Esse garoto pode mirar em um rapaz – talvez até um pouco mais velho – da vizinhança, que também tenha muito talento com a bola nos pés. Com isso, a comparação fica um pouco mais "justa" e até incentiva o garoto a treinar cada dia mais. É como se ele pensasse:

— Preciso ser melhor que esse cara, porque só assim vou conseguir jogar tão bem como o Neymar.

Então, da mesma forma, o médico pode – e deve – ter como inspiração grandes profissionais da área da saúde, mas, para se comparar, é preciso mirar em alguém que esteja à sua frente, mas que também esteja mais próximo de seu contexto de vida. Com isso, esse médico vai crescendo pouco a pouco por meio do espelhamento.

Em outros casos, o profissional acaba errando por buscar referências que nem mesmo atuam na mesma área que ele. Às vezes, o médico está querendo melhorar suas técnicas de falar em público e fica se comparando a um palestrante. Bem, ser médico e ser um palestrante profissional são duas coisas bem diferentes. É bem verdade que um médico pode se tornar um ótimo palestrante, mas não é justo que ele se compare a alguém que já tem muitos anos de prática com palestras de sucesso.

Se você é médico e não fala em público com frequência, não adianta cobrar de si próprio a mesma desenvoltura de alguém como Barack Obama. Vamos com calma! O ex-presidente dos Estados Unidos passou por todo um processo de preparação para se tornar o grande orador que ele é. Mas ele não é médico e não tem os conhecimentos da Medicina que você tem. Não é bom misturarmos as coisas!

SOLUÇÕES ESTRATÉGICAS

Apesar de eu já ter apresentado algumas soluções para cada um desses problemas respectivamente, ainda há três estratégias que podem ajudar a resolver qualquer um desses fatores de bloqueio para os médicos nas redes sociais.

A primeira delas é a decisão mental. Ela ocorre quando você não apenas decide, mas estimula a sua imaginação a pensar na sua decisão já em execução. Então, se você, além de médico, quer se tornar um palestrante, comece decidindo isso em sua mente. E posteriormente, imagine: onde seria a minha primeira palestra? Quando seria essa palestra? Quantas pessoas estariam presentes? Qual tema eu vou explorar nas minhas palestras? Ao pensar nessas questões, você não está apenas imaginando o momento, mas também iniciando um planejamento do que será feito para tirar esse projeto do campo das ideias.

O que faz as pessoas não tomarem a decisão? É o medo de dar errado, o medo da opinião das outras pessoas. Por isso, quando um médico que tem dificuldade de falar em público simplesmente pensa na possibilidade de palestrar e não passa dessa primeira ideia geral, pode sentir medo, porque acha que vai se esquecer de algo importante, vai gaguejar, começar a suar, vai ouvir perguntas que não está preparado para responder, enfim... tantos outros sintomas do nervosismo.

Porém, quando ele começa a imaginar de forma mais detalhada essa decisão e a executa apenas em sua mente, isso não gera nele nervosismo, porque no campo das ideias não há consequências. Acontece que, quando a decisão é na mente, mesmo sem perceber a pessoa já está se apropriando daquele projeto e começa a entender que não é tão complicado como parecia antes. Isso vai aproximando o desejo inicial de uma decisão real.

APROPRIAR > ENTENDER > DECIDIR

— Agora eu vou subir naquele palco e palestrar, já falei tanto sozinho que posso fazer isso acontecer. Já pensei em todos os detalhes, todos os ângulos, estou seguro de que pode dar certo – pensa o profissional.

A segunda estratégia que pode ajudar a vencer esses bloqueios é entender algo que o empreendedor e palestrante motivacional americano Jim Rohn já dizia há décadas: "Nós somos a média das cinco pessoas mais próximas de nós". Concordo com ele, pois nós acabamos sendo influenciados de alguma forma pelas pessoas que nos acompanham em nossa jornada. Então, procure associar-se a um grupo de pessoas da *performance* que você deseja ter. Se você anda com tímidos, você tende a se tornar tímido; se anda com pessoas comunicativas, vai se tornar mais comunicativo; se anda com empreendedores, vai se inclinar para o empreendedorismo.

Então, procure grupos que estão executando aquilo que você também quer executar, porque muitas habilidades que você quer desenvolver vai acabar aprendendo de forma natural, muitas delas sem perceber.

É o que acontece no meu programa de mentorias. Muitos alunos chegam ainda inexperientes, mas começam a conversar com um, com outro, ver a opinião de um, de outro, e acabam abrindo sua mente, quando percebem... já estão empreendendo, comprando imóveis, abrindo suas próprias clínicas, entre outras execuções. O grupo ajuda a formar a mente dessas pessoas, o meio as influencia.

Como já afirmavam os nossos avós, "diga-me com quem andas e eu te direi quem és!".

E a terceira estratégia para vencer os bloqueios – e na minha opinião, a mais eficiente – é obter resultados. Muita gente pensa que ao vencer seus bloqueios vai obter resultados, mas isso é utópico, porque somente quando vemos o resultado, temos uma prova concreta de que as nossas ações estão valendo

MANUAL DO MARKETING MÉDICO

a pena. E esse é o maior estímulo que podemos receber. A prova cabal de que nosso esforço não é em vão.

> Quando você chegar ao ponto de obter seus primeiros resultados palpáveis, não terá medo de que o chamem de "blogueirinho" ou que achem seus vídeos "sem graça" ou que coloquem a sua credibilidade profissional em cheque. Nada disso vai importar, porque os seus resultados vão falar mais alto para você.

Há uma frase que gosto muito e que circula nas redes sociais, que servirá bem para descrever esse contexto que estamos apresentando aqui: "Quem tem medo do ridículo, nunca se aproxima do extraordinário" (autor desconhecido). Concordo com essa frase, porque se você deixa de se divulgar em razão do medo do que os seus colegas vão achar das suas publicações, vai estar perdendo. Se você tem medo de virar motivo de piada ou de achar que a sua credibilidade vai ser prejudicada por causa das opiniões deles, de que você "só quer saber de redes sociais e não de trabalhar" ou coisa parecida, vai estar perdendo. "Mas Netto, perdendo o quê?". Você está perdendo grandes oportunidades de avançar na sua carreira.

O processo de superação desse tipo de pensamento envolve decisões que podem levar a ótimos resultados. Exemplo disso é que você pode fazer uma *live* com informações muito relevantes e depois receber vários pacientes em seu consultório, entre os quais, alguns trazem relatos, como:

— Doutor, eu assisti sua *live* e vim pagar uma consulta com você. Eu moro a 1.000 quilômetros daqui, mas peguei um avião para me consultar com você.

Eu digo que isso é bem possível acontecer, não porque seja algo que estou imaginando, mas porque já aconteceu comigo. Já atendi pessoas que vieram de São Paulo e Recife para se consultar comigo em Serra Talhada (PE).

Além disso, por meio da Telemedicina, já tive a oportunidade de atender pacientes que moram em outros países, como Estados Unidos, e tudo isso foi possibilitado por causa do meu conteúdo nas redes sociais. Diante de resultados como esses, por que eu iria me incomodar se algum colega meu dissesse que eu só quero ser "blogueirinho"?

MEDO DAS LENTES

Existem médicos que, apesar de terem muito conhecimento em sua área de atuação, sua especialidade, sofrem de um bloqueio específico com relação à câmera.

Para profissionais assim, mandar um áudio via WhatsApp ou até mesmo participar de um *podcast* ou programa de rádio não seria problema algum, mas o simples fato de estar diante de uma câmera ligada os deixa em pânico.

Atualmente, nas redes sociais, a exposição da imagem é muito importante, porque as pessoas se sentem mais seguras quando se deparam com a imagem de quem está transmitindo a informação.

Esse medo das câmeras – seja por vergonha ou nervosismo – geralmente é causado por um problema de autoimagem. Certa vez, uma conhecida marca de produtos de higiene pessoal fez um experimento para uma campanha do Dia Internacional da Mulher. Duas mulheres eram colocadas diante de um pintor e o produtor pedia que uma descrevesse a outra para ser retratada na tela de pintura. Posteriormente, o produtor pedia que cada uma das mulheres descrevesse a si mesma.

Após as pinturas serem concluídas, cada mulher comparava as pinturas que foram feitas conforme as descrições de si próprias e de outras pessoas. Geralmente, nos desenhos feitos com a descrição de suas "parceiras", as mulheres pareciam bem sorridentes, radiantes, e naqueles feitos com suas próprias descrições, pareciam estar abatidas, cansadas, desgastadas, malcuidadas.

A forma como as pessoas enxergam a si mesmas não é a forma como o mundo as enxerga.

— Noossa! Eu sou assim? – elas se questionavam, como que tendo um choque de realidade, surpresas ao ver a figura que o pintor fez seguindo a descrição de sua parceira.

Sofrer com um problema de autoimagem pode ter causas mais diversas, talvez porque a pessoa trabalha muito e tem pouco tempo para se cuidar, porque vive uma relação desgastada em casa, uma relação abusiva no seu meio familiar ou já teve contato com uma relação abusiva no casamento dos seus pais, trazendo desgaste na sua autoimagem, deixando-a com medo de enxergar a própria imagem.

Mas se você procurar seguir todas as orientações já citadas, como se associar a pessoas que tenham os mesmos objetivos que você, buscar o autoconhecimento, entre outras, e criar coragem de se expor no vídeo – além de buscar ajuda psicológica profissional, caso seja necessário, logicamente –, vai começar a se surpreender com os elogios de muita gente, que vai conhecê-lo e se identificar com o seu conteúdo.

Eu tenho alunos psiquiatras que tiveram que escutar coisas ruins em relação à autoimagem no consultório e trouxeram isso para suas próprias personalidades. Eram pessoas muito bloqueadas em diversas áreas da vida. Mas depois que destravaram e passaram a expor seu conteúdo nas redes sociais, se entusiasmaram ao receber muito apoio dos seguidores. Muitos desses alunos simplesmente decolaram em suas carreiras após tomarem essa iniciativa.

Mas vale lembrar que esse medo das câmeras só pode ser vencido quando você criar consciência de que esse problema está relacionado a uma autoimagem distorcida. Se você der o primeiro passo, se associar às pessoas certas e buscar ajuda e o autoconhecimento, certamente vai superar isso.

O profissional que não adentra nesses formatos digitais, que não se propõe a olhar para o *on-line* de forma especial, mesmo que sem perceber, pode estar perdendo grandes oportunidades.

É como se fosse uma larva no casulo. Se um dia aquela larva romper o casulo, ela pode se tornar uma linda borboleta, suas cores se tornarão visíveis, podendo inspirar pintores e fotógrafos, ajudar na polinização de diversas flores, ser o motivo do sorriso de uma criança, entre tantas outras possibilidades, simplesmente porque ela rompeu o casulo.

Porém esse rompimento não é fácil. Há disponíveis na *internet* vídeos de borboletas saindo de seus casulos. Ao observarmos, percebemos que é um processo bastante sofrido, mas que termina de uma forma maravilhosa.

> Se, por algum motivo, o médico decidir não sair de seu "casulo", ele vai perder a oportunidade de fazer a diferença no mundo com sua profissão, está privando as pessoas de conhecer a sua melhor versão.

Exemplo disso sou eu, que hoje estou aqui, escrevendo o meu livro, com a minha carreira bem-sucedida. Mas já passei por muitas situações que poderiam me levar a ficar preso em meu casulo. Precisei vencer minha timidez, minha vergonha, deixar de dar ouvidos a quem me dizia que "por eu ter uma origem vinda de uma família simples, de uma cidade rural, não poderia nunca chegar longe".

Hoje eu tenho certeza de que venci essas limitações e cheguei ao ponto de me tornar referência nacional para muitos profissionais da minha área. Mas tudo isso só aconteceu porque um dia eu decidi sair de meu casulo e voar.

A sua melhor versão só vai acontecer se você enfrentar as travas e bloqueios de que "não pode". Se você não estiver disposto a pagar esse preço para vencer as primeiras barreiras, vai continuar perdendo oportunidades de ter seu nome conhecido nacional e até internacionalmente, de ter sua consulta valorizada, de se tornar conhecido e respeitado pelo seu público, enfim, vai perder a oportunidade de crescer profissionalmente.

Vamos, pois... Acelerar!

ACELERADOR MÉDICO

Foi justamente pensando em apoiar médicos a saírem de seus "casulos" que eu criei um movimento chamado Acelerador Médico, que não implica apenas um *e-book*, um treinamento ou um grupo, mas sim um conceito. Esse programa busca a valorização da classe médica e esse nome não foi escolhido por acaso.

Durante muito tempo se acreditou que o médico tinha uma curva de crescimento lenta. Ele se forma, se torna um ótimo profissional, mas até se tornar referência em sua especialidade, em sua região, até viver a realidade que sempre sonhou, isso requer uns oito a dez anos, ou até mais. E por que criaram essa ideia sobre a carreira do médico? Porque o processo de divulgação do profissional ainda era no "um a um", pelo "boca a boca", quando um paciente indicava a outro até o médico compor sua pasta de clientes.

Atualmente, essa curva de crescimento pode atingir um pico de forma mais rápida, acelerando os resultados no mercado, utilizando as ferramentas do mundo moderno. Em primeiro lugar, ele vai se posicionar no meio digital, que, em vez de possibilitar o contato com pacientes um a um, permite que seu trabalho seja exposto simultaneamente a 1.000, 10.000 ou muito mais pessoas.

É como se aquele antigo "boca a boca" fosse multiplicado em sua capacidade, alcançando muito mais do que se alcançava anteriormente, pois foi acelerado pelas plataformas digitais, porque o conteúdo é compartilhado com muito mais velocidade e leva com ele o nome do profissional.

Ao mesmo tempo que seu nome e seu trabalho vão sendo divulgados, aplicando o conceito do Acelerador Médico nas plataformas digitais, o médico tem a oportunidade de investir em outras atividades que vão contribuir para que ele avance em sua carreira e se torne referência mais rapidamente, como, por exemplo, o desenvolvimento da inteligência social.

Suponhamos que o Dr. Flávio – personagem com nome fictício – seja um médico cirurgião muito inteligente, estudioso, competente, que opera com maestria, porém não se comunica muito bem ou não tem a iniciativa para formar sólidas redes de relacionamento (*networking*). Essa questão é um sinal de que está faltando a ele a inteligência social, que é a capacidade de interagir com as pessoas – seja *on-line* ou presencialmente.

Assim, com o despertar da inteligência social, o Acelerador Médico ajuda a aprimorar as diversas outras inteligências, potencializando os resultados do médico no mercado. Quando falo em acelerar o crescimento profissional, isso não implica necessariamente em acelerar a vida do médico – a qual eu bem sei que já é bastante acelerada –, mas sim em melhorar os resultados, justamente para que ele possa desacelerar sua própria vida. Acelerar a curva de crescimento profissional.

EU FAÇO!

Uma das coisas mais importantes para o médico conseguir perder o medo de se expor nas redes sociais é ter a clareza que ninguém vai desbloqueá-lo. Muitos alunos me pedem ajuda, dizendo:

— Netto, por favor, me desbloqueia para eu gravar vídeos!

O que eu respondo é que somente você pode se desbloquear. Obviamente que eu dou um norte sobre o que é possível fazer para superar os bloqueios, mas esse processo envolve crescimento e autoconhecimento, e ninguém pode fazer isso por você.

Então, vencer o medo, vencer os bloqueios e decidir alcançar o extraordinário são ações que não há como delegar. Não há como encontrar um *coach*, um psicólogo ou terapeuta que vai desbloqueá-lo, mas sim alguém que vai lhe dar as ferramentas para você mesmo fazer isso.

EU DELEGO...

Atualmente, há um conceito moderno de *Marketing* que diz que a melhor forma de criar o conteúdo é documentar a nossa vida. Então, suponhamos que você já esteja dando aulas em uma faculdade, que você já tenha uma conversa no seu grupo de sócios sobre a clínica de vocês, então, você pode delegar a alguém a responsabilidade de documentar isso, com imagens bem-feitas e um texto coeso que apresente todas essas atividades que vocês realizam, intercalados com depoimentos dos profissionais que trabalham ao seu lado e até mesmo de pacientes que já foram atendidos em sua clínica e aceitam conceder seus direitos de imagem para esse pequeno "documentário".

Se você não tem paciência e nem tempo para gravar vídeo, sugiro que então conceda uma entrevista para uma emissora de rádio e convide um profissional para filmar esse momento. Essa produção pode formar um ótimo material para divulgação nas suas redes sociais, porque isso não soa como "propaganda", mas sim como material informativo.

DR. JOSÉ NETTO

Quando o médico termina sua formação principal – porque ele está sempre se formando –, geralmente segue sua carreira como um profissional muito solitário. Por mais que ele vá aos congressos se atualizar, continua não tendo uma interação de laços mais estreitos com seus colegas.

Esse cenário de solidão leva à desmotivação, à estagnação, ao *Burnout*, a uma vida sem propósitos, sem vontade de avançar. Então, foi esse um dos motivos pelo qual foi criado o treinamento e grupo do Acelerador Médico. A ideia é proporcionar um treinamento que melhora algumas habilidades e competências e também viabilizar sua inserção em um grupo com seus pares, outros médicos.

Você pode ser um profissional muito bom, mas em algum momento vai precisar de um grupo, uma comunidade que possa apoiá-lo, não para falar de coronavírus, de doenças, mas sim para falar de negócios, de crescimento. Então, eu falo hoje que o treinamento do Acelerador Médico é fundamental, é um alicerce para o profissional atingir alta *performance* no mercado. Esse movimento é a porta de entrada para entrar nesse novo mundo, nesse novo jeito de pensar a Medicina.

PRESCRIÇÃO

Identifique qual daqueles quatro fatores citados inicialmente é o que mais impede você de se posicionar nas redes sociais. Falta de confiança? Timidez? Falta de propósito? Referências erradas?

_____

_____

_____

_____

_____

Identificado o seu fator de bloqueio, pense no antídoto para tratar esse problema, listando a "fórmula" desse remédio, que será composta pelas respostas às seguintes perguntas:

1. Quem é a pessoa que tem os resultados nesse campo e da qual você pode se aproximar?

_____

_____

_____

_____

2. O que você pode fazer hoje que vai ajudá-lo a vencer esse bloqueio?

_____

_____

_____

_____

126 | MANUAL DO MARKETING MÉDICO

3. Qual livro você pode começar a ler que o ajudará em seu autoconhecimento?

_____

_____

_____

_____

_____

VI

VAMOS CRESCER 1% A CADA DIA

"O progresso é impossível sem mudança. Aqueles que não conseguem mudar as suas mentes não conseguem mudar nada."
George Bernard Shaw
Dramaturgo, romancista, contista, ensaísta e jornalista irlandês

VI

Com o avanço e o crescimento das plataformas digitais, a sociedade tem visto cada vez mais o surgimento de novas profissões e serviços, que focam totalmente nos respectivos cenários. Muitos desses serviços surgiram justamente pelo fato de a *internet* ser um ambiente bastante complexo.

Devido a essa complexidade e à rapidez com que as interações no universo digital ocorrem, o acompanhamento de profissionais que estão sempre atualizados sobre o assunto pode ser de grande utilidade para quem deseja adquirir projeção nesse meio e desfrutar dos benefícios que esse mesmo meio pode gerar.

Neste capítulo, vamos abordar as principais dessas profissões e explicar por que elas podem ser tão úteis – ou não – para o médico que intenciona se destacar nas plataformas digitais.

INFLUENCIADORES DIGITAIS

Entre os serviços que surgiram ou ganharam novas roupagens com as plataformas digitais, está o de influenciador digital. Não digo exatamente que essa seja uma profissão, porque é bem mais abrangente que isso.

Influenciadores de fato formam uma classe que pode atuar nos mais variados nichos. Esse grupo de pessoas se caracteriza pelo seu alto poder de persuasão e sua capacidade acima da média de conduzir a vontade das pessoas. Por isso se explica o título de "influenciador", pois ele influencia os gostos das pessoas que o seguem.

Num exemplo bem simples, suponhamos que você esteja querendo comprar uma calça nova, mas ainda esteja em dúvida sobre qual modelo e grife irá escolher. É aí que entra o poder do influenciador digital, porque ele irá aparecer em suas redes usando peças de roupas e pode estar usando uma calça que esteja tão

130 | MANUAL DO MARKETING MÉDICO

bem alinhada e bem colocada dentro de uma combinação entre peças que você pode ficar com vontade de comprar aquele modelo. Isso é exercer influência.

Na verdade, o trabalho dos influenciadores não está ligado exatamente à manipulação, mas sim à persuasão, que são dois conceitos bem diferentes, como já mencionado antes. A persuasão envolve um poder de argumentação do influenciador, que com provas reais, sem mentiras, consegue convencer o seguidor de que aquele produto é, de fato, bom.

Em muitos casos, o seguidor nem mesmo estava com planos de comprar um produto ou contratar um serviço como aquele que o influenciador está exibindo em suas redes. Porém a conexão, a inspiração, a confiança e a admiração que ele tem por aquele influenciador é algo tão forte, que passa a considerar que aquela compra seria uma boa ideia, que aquilo pode lhe ser realmente útil.

É justamente a partir dessa conexão com o público, com seus seguidores, que o influenciador digital consegue persuadi-los de diversas maneiras, com argumentos, com entonação da voz e, principalmente, com resultados. Essa última ferramenta de persuasão é tão eficiente que, na maioria dos casos, dispensa o uso de muita argumentação, pois já é a prova em si de que aquele produto ou serviço realmente cumpre sua proposta.

Apesar de trabalharem dessa forma atualmente, os influenciadores digitais não surgiram com essa intenção de vender. Inicialmente, eles eram simplesmente pessoas que, justamente por serem mais extrovertidas, "deram a largada" nas redes sociais e começaram a expor tudo o que faziam e usavam. Porém seu alto poder de gerar conexões com o público começou a se transformar em oportunidades de vendas, porque, com o passar do tempo, as marcas perceberam que o público confia muito nessas pessoas e um produto nas mãos desses influenciadores poderia ser facilmente vendido.

Fazendo um paralelo entre épocas, se nos tempos dourados da televisão aberta uma marca contratava um artista famoso ou atriz de novela para ser garoto-propaganda nos comerciais caríssimos do horário nobre, nos tempos das redes sociais, as marcas contratam os influenciadores seguidos por suas legiões de usuários nas plataformas para divulgar seus produtos, mas sempre parecendo que não é um anúncio, mas sim parte do cotidiano e da rotina desses novos "garotos-propaganda".

Essa ideia de levar o público a ver que o influenciador realmente usa o produto que ele divulga em suas redes faz toda a diferença atualmente, porque em algum momento da história as pessoas acreditaram nos anúncios de televisão em que celebridades divulgavam produtos mais baratos, como se fizessem uso deles em seus cotidianos, mas hoje as pessoas têm muito mais acesso à informação, às vidas dos famosos, e se tornou mais fácil descobrir as "mentiras" que já foram contadas nesses comerciais.

O avanço das redes sociais tem comprovado cada vez mais que a verdade é o que vende.

Fato é que, em linhas gerais, alguém que carrega o título profissional de médico já parte na frente, porque a Medicina sempre foi uma profissão muito admirada, vista como um ofício exercido por pessoas muito estudiosas, que assumem a grande responsabilidade de cuidar de vidas. Isso passa verdade, confiança, credibilidade. Então, o diploma de médico, por si só, já é meio caminho andado para torná-lo um influenciador, porque historicamente a sociedade já recebe a palavra do médico como uma opinião de peso! Por isso, além de um influenciador, ele pode chegar a ser um formador de opinião.

Mas como grandes poderes trazem consigo grandes responsabilidades, justamente pelo fato de o médico ter sobre seu diploma tanta credibilidade projetada, ele também precisa ter muita cautela com o que diz e o que faz, pois, de fato, esse campo da influência do médico é bastante delicado.

Há muitos que realmente têm forte influência sobre seus pacientes, mas não se sentem bem em utilizar esse poder e, por isso, talvez queiram contratar um influenciador digital para divulgar seu consultório e seus serviços prestados. Porém, até o presente momento (2021), para o Conselho Federal de Medicina, isso é considerado antiético. Ao pretender utilizar esse tipo de estratégia, é sempre bom se atualizar sobre as normativas do CFM sobre o assunto.

O que eu penso sobre isso é que, querendo ou não, estamos rodeados de influenciadores digitais. Às vezes, um influenciador pode ser paciente do seu consultório e, depois de uma consulta com você, mesmo sem você pedir nada, ele faz uma publicação falando bem de você, do seu trabalho e marca o seu perfil na publicação. Você não pode proibi-lo de fazer isso. Por isso, é preciso ter equilíbrio e procurar ser muito sutil.

Há outros casos em que o médico acaba negociando uma permuta com esse influenciador, permitindo que a consulta e o tratamento sejam pagos com esse tipo de publicação, em que o seu perfil profissional é marcado na postagem que será vista por centenas de milhares ou até milhões de pessoas. Porém fica aqui o alerta sobre esse tipo de estratégia. Eu não creio que ela seja vantajosa para a carreira do médico.

Não posso negar que, provavelmente, seu consultório vai receber muitas pessoas! Porém boa parte das que chegaram por meio desse tipo de divulgação pode ter chegado até você com uma motivação totalmente equivocada, pois não procuraram você após ver um material em que o seu conhecimento é exposto, mas sim por simplesmente terem visto você no perfil desse influenciador.

O ESTRATEGISTA DIGITAL

Outro profissional que acabou tendo sua função aprimorada com o avanço das redes sociais foi o estrategista digital. Como o próprio nome já deixa bem claro, ele é aquele profissional que vai desenvolver a melhor linha de ação, as estratégias, para o cliente dele crescer no seu propósito.

Ele irá estudar e pesquisar qual será o posicionamento de seu contratante, se vai trabalhar com *lives*, com conteúdo mais curtos, com tráfego pago, com parcerias, vai pensar até mesmo na paleta de cores a ser usada nas artes das publicações do perfil desse cliente.

Todas essas análises e esses planejamentos são feitos sempre pensando no melhor resultado para as redes sociais, e isso depende muito das características do público, bem como das suas pretensões e das expectativas do cliente.

O estrategista digital vai estudar o perfil do seu público e vai ver o melhor caminho, a forma mais fácil e mais barata para você chegar a esse objetivo.

Você pode contratar um profissional para ser o seu estrategista digital? Sim, essa é uma decisão sua. Se você se vê como alguém que não tem paciência ou tempo para estudar as plataformas digitais e suas atualizações, o estrategista é alguém que pode fazer esse trabalho por você. Porém, se você tiver foco para estudar o funcionamento desse cenário, vai conseguir entender as redes sociais muito bem e se tornar o seu próprio estrategista, evitando esse investimento e se tornando mais independente em suas ações nas redes.

A questão é que, como o estrategista digital atua em vários nichos – e não apenas no *Marketing* Médico –, esse contato com uma variedade de públicos pode gerar uma "contaminação" das pesquisas e análises dos projetos, pois esse profissional pode trazer uma análise já viciada de outros nichos e tentar aplicá-la ao nicho da saúde, comprometendo assim o resultado do trabalho. Quando isso acontecer, ele pode colocar a responsabilidade no médico.

— Pois é, a estratégia é essa mesma, está tudo certo, a questão é que o seu conteúdo não está bom, a sua frequência não está boa, a forma como você está respondendo aos seus seguidores não é boa – pode dizer o estrategista digital.

Esse é um dos grandes erros que o médico pode cometer no *Marketing* digital: contratar agências para desenvolver as estratégias para divulgação de seu trabalho nas plataformas digitais, acreditando que somente delegar esse trabalho a elas será o suficiente. Isso acaba gerando muita frustração, porque não basta entregar o serviço nas mãos desses profissionais, é preciso acompanhar de perto e se informar sobre tudo o que está acontecendo. Até mesmo porque as estratégias digitais hoje, em maioria, dependem de um perfil humano.

As pessoas percebem quando estão sendo atendidas por alguém que não é aquele médico ou, pior ainda, quando estão sendo atendidas por máquinas.

Quando o médico não sabe nada sobre o digital, é obrigado a aceitar "diagnósticos rasos" de alguns estrategistas digitais que contrata para suas redes sociais.

Eu considero que, geralmente, o estrategista digital é para os iniciantes, que ainda estão começando a "engatinhar" no uso das redes sociais. Mas pergunto: você não quer engatinhar para sempre, certo? Você quer desenvolver a sua capacidade de caminhar sozinho, você deseja conquistar sua autonomia nas redes sociais.

Então, por mais que o médico contrate um estrategista digital no começo, ele deve buscar informar-se sobre o ambiente das redes sociais, até que se torne o seu próprio estrategista. A partir daí, ele pode até contratar pessoas para aplicar as ações relacionadas às estratégias que ele mesmo desenvolveu, mas a mente pensante sempre será ele mesmo. Esse é o melhor caminho a seguir.

DICIONÁRIO

ALGORITMO

Algoritmo é a inteligência por trás dos mecanismos estratégicos das redes sociais. Quando se fala nesse termo atualmente, muitas pessoas só pensam nas funções comerciais dele, fazendo com que anúncios pulem diante dos nossos olhos, após terem pesquisado um produto apenas uma vez na *internet*.

Mas eu entendo como algo ainda mais complexo, que também pode trabalhar a nosso favor. Essa inteligência artificial por trás das estratégias das redes sociais impulsiona os conteúdos relevantes para a sociedade. Essa é a ideia: se o algoritmo achar que o seu conteúdo é relevante, ele vai impulsioná-lo. Ele tem muito mais a ver com comportamento social e, diferentemente do que muitos pensam, é orgânico.

Isso começa com a inteligência humana, até descobrir-se um padrão, porque tudo na vida tem um padrão, o ser humano é formado por padrões. Então tudo que envolve ações humanas segue um padrão.

CRESÇA 1% A CADA DIA

Tenho ouvido e lido muitas promessas, cada vez mais megalomaníacas, de crescimento nas plataformas digitais, como "ganhe 50 mil seguidores em um mês". Bem sabemos que essas propostas são um tanto irreais ou ludibriosas. Talvez algum desses "métodos" realmente possa trazer 50 mil seguidores para você em um mês, mas sem engajamento, que, em muitos casos, chega a ser mais importante do que o número de seguidores.

Tenho usado com meus alunos a aplicação do conceito "Cresça 1% a cada dia", porque o crescimento sólido não é instantâneo, mas sim contínuo. Pense comigo, você moraria tranquilamente em um condomínio que foi construído em um tempo absurdamente rápido, como seis meses? Bem, talvez o prédio até tenha sido levantado, porém como estão as bases dele? Qual a qualidade de material do empreendimento? Da mesma forma, crescimento profissional é algo que conseguimos em um processo de construção, que pode até avançar pouco, mas o avanço é diário e contínuo.

Sucesso é diretamente proporcional à constância.

Às vezes, as pessoas tardam muito em começar, porque não têm o tempo suficiente que gostariam para investir em um crescimento rápido. Em muitos momentos, elas pensam:

— Vou separar um final de semana inteiro só para pensar em estratégias para a minha carreira.

Porém, quando esse final de semana chega, surgem milhares de outros problemas a serem resolvidos ou elas simplesmente conseguem trabalhar em poucas ideias e se sentem frustradas por isso.

Mas imagine só se essas pessoas investissem em um pouco de seu crescimento a cada dia, seja em forma de aprendizado, seja em forma de execução. Se você crescer todo dia um pouquinho, em longo prazo, vai olhar para trás e ver que o salto quântico nada mais é do que o somatório de pequenos saltos.

EU FAÇO!

Se há algo que o médico não deve delegar – pelo menos não permanentemente – são suas estratégias digitais. Ele precisa desenvolvê-las sempre alinhadas ao seu público, com seus objetivos, com a sua personalidade, com seus valores, com o que ele considera ser seus maiores desafios. Além disso, essas estratégias precisam ser revistas de tempos em tempos, pois os comportamentos sociais também estão em constantes mudanças.

EU DELEGO...

O médico pode muito bem contratar uma agência ou consultor em *marketing* digital para realizar um projeto de estratégias digitais, com a menção e indicação dos profissionais necessários que irão prestar serviço, ou em caso de maior proporção, uma contratação em CLT para algumas atividades específicas.

Essa agência ou consultor irá definir quando e quem será contratado, a depender do perfil, público, investimento disponibilizado e objetivos pretendidos.

Como ele está envolvido totalmente no cenário do universo digital, já conhece os profissionais sérios e sabe onde buscá-los para cada atividade específica.

DESENVOLVEDORES DE APLICATIVOS

Tudo que vem para facilitar a vida das pessoas é magnífico, é extraordinário, e o médico que tem um aplicativo próprio sem dúvida está buscando facilitar o contato de seus pacientes com ele. Isso acaba gerando uma notável diferenciação da sua atividade profissional no mercado. Por meio desse recurso de interação com os pacientes, ele pode facilitar os agendamentos de consultas, receber depoimentos e até mesmo compartilhar informativos de sua clínica.

Eu conheço médicos que desenvolveram, eles mesmos, os seus próprios aplicativos – com ótimo funcionamento e praticidade – e isso acabou sendo muito bom para eles, porque se tornou um negócio, uma *startup*, uma segunda fonte de renda para esses profissionais. A partir desse recurso, o médico pode gerar empregos e aumentar o seu faturamento.

Mas também há médicos que querem possuir o seu próprio aplicativo – visando os benefícios que esse recurso pode trazer –, mas não têm conhecimento técnico suficiente para desenvolvê-los eles mesmos.

É aí que entram os desenvolvedores de aplicativos, profissionais que farão esse serviço, criando o *software* personalizado.

Fato é que, inevitavelmente, quando um desenvolvedor é contratado, isso envolve não apenas mais custos para a criação da ferramenta, mas também pela manutenção e atualização dela.

Eu, por exemplo, tenho um aplicativo que se chama Passos Firmes. Na época em que ele foi criado, pedi para alguém desenvolver. Foi uma boa experiência e não me arrependo, mas também não considero essencial, principalmente para quem está no início da carreira e que pretende usá-lo apenas para seu próprio consultório, em âmbito local.

Talvez seja válido daqui a algum tempo, quando médicos mais jovens explorarem essa ferramenta, enquanto isso, ela não é tão necessária quanto parece.

Incentivo você a passar pela experiência de juntar-se a um grupo para desenvolver seu próprio aplicativo e testá-lo. Essa experiência pode levá-los a evoluir para uma *startup*, um negócio que tenha escala, que pense em nível nacional ou até mundial.

A tecnologia, entretanto, tem oferecido facilidades em todas as áreas, e não é diferente na seara dos aplicativos, a cada dia, surgem mais plataformas que facilitam a criação desses programas, de forma rápida, barata e com apenas alguns cliques. Por isso convido-o a refletir a possibilidade de ter o seu próprio aplicativo, para enviar lembretes, realizar marcação de

138 | MANUAL DO MARKETING MÉDICO

consultas, criar a sua comunidade de pacientes e, inclusive, vender algum material educativo. Além de gerar diferenciação para a sua marca, é uma excelente maneira de fidelizar a sua clientela.

SOCIAL MEDIA

Enquanto o estrategista digital pode ajudar o médico ainda em seus primeiros passos nas redes sociais, há uma função que pode contribuir bastante com a carreira do profissional de saúde também em estágios mais intermediários. Esse serviço é o de *social media*, que já mencionei em capítulo anterior de forma superficial e aqui pretendo aprofundar o tema.

Esse profissional é quem vai estudar a melhor identidade visual para as redes de quem o contratou. Ele trabalha o formato das publicações, analisa os melhores horários para postar, analisa como está o engajamento das redes de seu cliente. Porém o *social media* é um profissional que cuida de formatos, cores, dados estatísticos das plataformas digitais, mas não de conteúdo. Por isso, o conteúdo das publicações precisa vir do contratante – no caso, o médico. Então, em conversa com o social media, será visto o melhor formato para essas informações serem apresentadas ao público.

Essa parceria pode ser muito interessante, porque evita que as publicações sejam repletas de termos técnicos que o médico aprendeu na faculdade e usa diariamente no hospital ou em sua clínica. Com a ajuda do *social media*, esse conteúdo criado pelo profissional de saúde ganhará um formato bem atraente, que chame a atenção e seja de fácil compreensão para o público de seu cliente, de uma forma que se torne prático, porque as pessoas gostam de consumir aquilo que transforma as vidas delas.

Então, a pergunta que o médico sempre precisa fazer para guiar esse processo junto ao *social media* é: "Após o seguidor ver esse conteúdo, a vida dele pode melhorar em quê?". A resposta a esse questionamento precisa ser bem pensada, porque nem sempre o profissional está atento às necessidades sentidas por seu público.

Nem todo conhecimento médico é útil ao paciente, por exemplo. Se um cirurgião transmite um vídeo ensinando a fazer uma operação complexa, isso não significa absolutamente nada para o seguidor. Pelo contrário, pode até gerar estranheza, agonia, pois nem todo mundo reage bem ao ver sangue.

Creio que a contratação do *social media* seja interessante para um médico que já se encontra compreendendo melhor o funcionamento das redes sociais, mas ainda não tem o jogo de cintura, o ritmo necessário, para uma boa projeção nas redes.

Lembrando que nesse momento em que o médico já deixou de engatinhar e está desenvolvendo confiança nas redes – no início de "namoro" com as plataformas digitais –, o *social media* será de grande contribuição para dar essa identidade visual aos perfis do profissional de saúde, para ficar bem apresentável, para dar sugestões de ferramentas novas e até mesmo para ensinar o médico a se habituar.

Mais interessante que simplesmente o médico delegar certos serviços de suas redes sociais a alguém para o resto da vida é ele estar sempre atento para aprender com esse processo e se tornar cada vez mais independente para ter liberdade ao operar seus perfis e páginas.

REALIDADE AUMENTADA E 3D

O avanço do digital tem nos levado não apenas a descobrir e aprimorar serviços, mas também a descobrir novas tecnologias que, por ora, ainda não têm uma relação direta com as redes sociais, mas já servem como boas ferramentas para melhorar a experiência do paciente em consultório.

Uma delas é a realidade aumentada, que pode ser usada no consultório com o uso de alguns dispositivos com *softwares* 3D. Hoje em dia, dificilmente será preciso contratar um profissional que instale isso no consultório. Geralmente, os equipamentos já são vendidos com esses programas e é possível amenizar as dores das pessoas e a percepção do tempo de espera na recepção do consultório.

Suponhamos que uma criança vá ao consultório médico para fazer um exame chamado videonasofibroscopia. O procedimento é um tanto invasivo e é feito com a introdução de uma mangueira no nariz. Isso pode incomodar. Mas e se o médico coloca os óculos de realidade 3D na criança, onde passa uma historinha, em que ele está andando de carro pela floresta e de repente lá nessa realidade virtual se aproxima o galho de uma árvore e esbarra em seu rosto... Nesse momento, a mangueira é introduzida no nariz, mas a criança pensa que foi algo na floresta e sua dor é amenizada.

Esse recurso também pode ser usado em sala de vacinação. A criança usa os óculos de realidade 3D e se vê em uma floresta cheia de mosquitos. Então, ela sente uma picada e pensa que foi um mosquito, mas na verdade foi a agulha sendo introduzida em seu braço. Isso melhora a experiência que poderia ser dolorosa e a transforma até em "prazerosa".

A realidade 3D pode também servir para tratamentos de diversas doenças ou distúrbios. Exemplo disso é o uso desse recurso para tratar uma causa de tontura, chamada "cinetose". A pessoa que sofre com isso tem tonturas e náuseas toda vez que se locomove de carro e ônibus. Então, o tratamento com a realidade 3D consiste justamente em simular que está todo dia em locomoção dentro de um carro, em transporte no ônibus, e a pessoa vai se acostumando. Após um certo número de sessões, ela já não sente mais vontade de vomitar, pois condicionou sua mente e seu organismo a se habituar com essas situações.

Em linhas gerais, o médico não precisa contratar um profissional para lhe dar algum tipo de suporte com o uso dessa ferramenta, porém essa tecnologia é desenvolvida por profissionais que têm dado grande contribuição à Medicina.

Assim como esse recurso veio para o mundo real com uma diferenciação, se você conseguir também fazer vídeos com realidade tridimensional – que foi o que a USP fez com um homem virtual para dar as aulas –, isso também traz diferenciação.

Um dos meus alunos explica as lesões usando articulações em 3D. Sem dúvida, isso é o futuro! É procurar programas que transformem os nossos vídeos em realidade tridimensional.

Esse tipo de tecnologia também pode ajudar bastante o planejamento cirúrgico. Vamos supor que um cirurgião plástico esteja prestes a fazer uma rinoplastia. Antes do paciente se submeter à cirurgia, ele coloca a foto no programa, e gira em 3D para mostrar como o nariz dele vai ficar; isso gera confiança, credibilidade e tranquilidade para o paciente fazer aquele procedimento.

GROW HACKERS E GESTORES DE TRÁFEGO

Creio que na maioria das vezes, na nossa profissão, não deveríamos pensar simplesmente em desenvolver inteligência artificial, mas sim em aprender as linguagens das inteligências em cada rede. O Google tem uma inteligência artificial, bem como o Instagram, o Facebook, o Twitter e todas as outras principais plataformas de rede social. Chamamos essas inteligências artificiais de "algoritmos".

Quando entendemos como eles foram projetados, conseguimos jogar o jogo deles... e crescer. Então, não adianta apenas reclamar do algoritmo, mas sim se adaptar a ele, porque o algoritmo foi criado na rede social para acompanhar as tendências sociais. Vejo muitos médicos reclamando:

— Ah, eu faço muito conteúdo, mas o algoritmo não espalha o meu conteúdo.

Bem, realmente acredito que muitos profissionais de saúde estejam espalhando bons conteúdos por aí nas redes, mas, muitas vezes, não estão em um formato, com uma abordagem alinhada ao que as pessoas querem no momento. É importante entender a regra do jogo e de cada campo onde se joga. A cada mês, pode surgir uma ferramenta nova, e é para aquela ferramenta que o algoritmo vai dar preferência, que vai impulsionar, porque tem a ver com o desejo naquele instante.

Por isso, não podemos deixar de falar de uma profissão que quase ninguém conhece, mas atualmente é indispensável, cujos profissionais desenvolvem a inteligência artificial dessas redes sociais e, também, ensinam outras pessoas a entender o funcionamento dessas inteligências artificiais, eles são os *grow hackers*.

Quase ninguém sabe que esse trabalho existe, mas esses profissionais merecem ser seguidos bem de perto, porque eles não são influenciadores digitais na sua essência, mas são os que mais entendem de todo o funcionamento dessas plataformas. São eles que constroem essas inteligências artificiais. As grandes plataformas de varejo também contam com esses profissionais, para desenvolver inteligência artificial para elas.

E atividade complementar à do *grow hacker* é a do gestor de tráfego, que faz com que o conteúdo patrocinado esteja alinhado aos dados das inteligências artificiais das plataformas de varejo, para alcançar exatamente as pessoas que fazem sentido para essas empresas.

Um dos maiores erros dos profissionais – médicos e pessoas de outras áreas – é o fato deles acharem que simplesmente clicando no botão "promover" das redes sociais irão conseguir os resultados que buscam. Certamente eles irão alcançar milhares de pessoas, mas provavelmente não serão as pessoas que de fato se interessam pelo conteúdo deles. Eles simplesmente promovem a publicação, mas não cuidam de segmentá-la para o público certo. Com isso, o dinheiro foi gasto em vão. Então, um profissional com conhecimento de gestão de tráfego saberá orientar o médico nessa área.

DR. JOSÉ NETTO

Agora que você já conseguiu grandes resultados e sabe quais são as maiores armadilhas nesse mundo digital, sabe também abrir os olhos das pessoas, porque talvez já tenha caído em algumas delas.

Eu, por exemplo, já faturei até agora múltiplos de sete dígitos no mundo digital. Para chegar a esse ponto, começando do zero, já errei muito. Então, eu sei abrir os olhos das pessoas que estão chegando agora ao digital – ou pelo menos iniciando uma jornada profissional nesse cenário – sobre qual vai ser o caminho mais vantajoso para elas, para a sua profissão, para a especialidade que exercem, para o lugar onde elas moram, para as suas pretensões, para o dinheiro que elas estão dispostas a investir. Eu sei dizer qual é o melhor caminho para elas tomarem, principalmente se forem médicos como eu.

Como mentor, tenho ajudado essas pessoas a ganhar tempo, diminuir os riscos e tornar a caminhada ainda mais prazerosa, porque tendem a acertar mais quando estão sendo orientadas por alguém que conhece o caminho.

E o caminho existe para caminharmos!

CONCLUSÃO

MARKETING MÉDICO, UM BENEFÍCIO SOCIAL

Após vermos juntos todas essas estratégias e a importância de crescer no MARKETING MÉDICO, desejo que fique claro e bem fixado para você que não decidi falar sobre isso apenas para que você ganhe dinheiro, nem para alcançar "a vida profissional dos seus sonhos", conseguir comprar "a casa dos seus sonhos" ou apenas ter um consultório lotado de clientes ou se tornar referência na sua área. Essa não é a essência do que quero deixar para você.

A essência de tudo o que conversamos aqui é: a vida é uma oportunidade única.

Nós só temos uma chance na nossa existência de deixar um legado neste mundo, para a nossa geração, de impactar o maior número possível de pessoas, de levar à transformação e cumprir o nosso papel.

Temos somente uma chance de contribuir para tornar este mundo melhor para os nossos descendentes.

Para conseguir isso, você vai ter que alcançar o máximo possível de pessoas, e impactá-las da forma mais profunda com a sua mensagem. Atualmente, a melhor forma de fazer isso é através dos meios digitais. E quando falo em "meios digitais", falo também de *Marketing*, assim como no início deste livro, em que destacamos que:

Marketing é entendermos as necessidades das pessoas e trazer soluções para elas.

Quando usamos o meio digital principalmente para levar às pessoas uma mensagem de conforto, de segurança, de clareza, que as faça viver mais, viver melhor, viver com mais leveza, através de um conteúdo relevante, assim deixamos a nossa contribuição para o mundo.

Por fim, como consequência, quando atendemos à necessidade das pessoas, obviamente, isso nos traz prosperidade, dinheiro, sucesso, conquistas, mas tudo isso deixamos vir como uma sombra atrás da essência, da real motivação do que temos feito e não como algo que deve primeiramente nos beneficiar.

O *Manual do marketing médico* é um guia completo para o profissional da saúde que deseja construir uma marca forte no mercado e se tornar um ímã de boas oportunidades, mas prioritariamente deve beneficiar outras pessoas, porque essa é a mais prazerosa forma de fazer *Marketing*.

Essa é a mensagem central deste livro que eu quero deixar para você!

O *Manual do marketing médico* é um bumerangue para você. Ao ser arremessado, vai espalhando saúde e vida pela sociedade, e ao voltar, traz para quem o acessou uma marca forte no cenário da saúde brasileira.

José Netto

APRESENTAÇÃO DO AUTOR E SEUS CONTATOS

José Netto é natural do Ceará, o primeiro médico da família e do lugar de origem. Graduado em Medicina pela Universidade Federal do Vale do São Francisco (UNIVASF). Tem Residência Médica e Título de Especialista em Otorrinolaringologia pelo Hospital Universitário da UFBA (Universidade Federal da Bahia) e Associação Brasileira de Otorrinolaringologia e Cirurgia Cérvico-Facial (ABORL-CCF), MBA em Marketing pela Universidade de São Paulo (USP).

Criador do movimento Acelerador Médico, que já ajudou centenas de médicos em todos os Estados brasileiros e em outros países a impulsionar os resultados profissionais e viver com mais qualidade. Criador e conteudista do Podcast Médico Empreendedor, o primeiro *podcast* brasileiro sobre Empreendedorismo Médico, mentor e ministrante de treinamentos presenciais e *on-line*, bem como diretor e proprietário da Clínica Ottus.

ATIVIDADES:

- Mentor, consultor e ministrante de treinamentos e palestras *on-line* e presenciais nas áreas de *Marketing*, Posicionamento e Empreendedorismo Médico.
- Sócio-proprietário da Clínica Ottus.
- Médico otorrino, cirurgião de ouvido, nariz, garganta e base de crânio.
- Editor do Podcast Médico Empreendedor.

CONTATOS:

- Acompanhe nas redes sociais: @jnetto.medico | @josenetto.otorrino
- Site oficial: josenetto.com
- Cursos: aceleradormedico.com.br

BÔNUS

Como você comprou este livro, já pode acessar manualdomarketingmedico. com gratuitamente e editar, salvar e refazer as PRESCRIÇÕES quantas vezes quiser. Assim que completar todas elas, será destravado para o *site* com um presente muito especial que preparei para você, para ajudá-lo a chegar ainda mais longe e expandir de uma vez por todas o seu legado.